Hermann Hallwich

Anfänge der Großindustrie in Österreich

Hermann Hallwich

Anfänge der Großindustrie in Österreich

ISBN/EAN: 9783743446151

Hergestellt in Europa, USA, Kanada, Australien, Japan

Cover: Foto ©Suzi / pixelio.de

Manufactured and distributed by brebook publishing software (www.brebook.com)

Hermann Hallwich

Anfänge der Großindustrie in Österreich

ANFÄNGE

DER

GROSS-INDUSTRIE

IN

OESTERREICH.

VON

DR. HERMANN HALLWICH.

WIEN 1898.
VERLAG VON LEOPOLD WEISS.

SEPARAT-ABDRUCK

AUS DEM

UNTER DEM HOHEN PROTECTORATE

SR. K. U. K. HOHEIT DES DURCHLAUCHT. HERRN ERZHERZOGS FRANZ FERDINAND

STEHENDEN JUBILÄUM-PRACHTWERKE

»DIE GROSS-INDUSTRIE OESTERREICHS«,

WELCHES IM DECEMBER 1898 ERSCHEINT UND FÜNF PRACHTBÄNDE IN GROSSFOLIO

UMFASST.

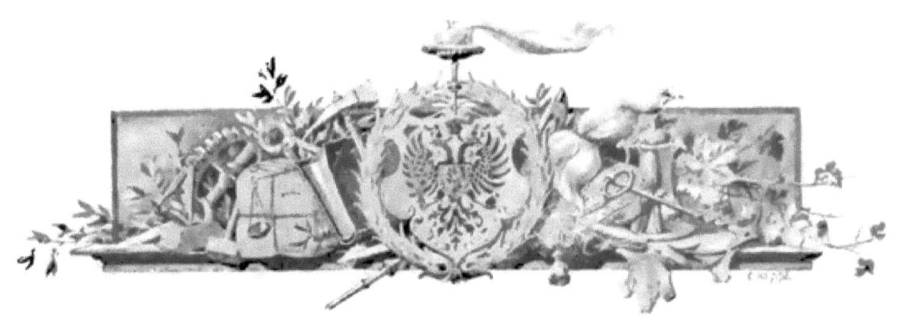

elter als alle Industrie, zumal Gross-Industrie, ist der Handel, der Welthandel in dieses Wortes ganzer Bedeutung. Die Tochter des Handels aber ist die Industrie.

Lange, bevor noch irgendwo von einem gewerblichen Leben kaum erst die Spur zu finden war, durchschwammen die Kauffahrer einzelner Völker die grossen Gewässer der bewohnten Erde und machten sich diese tributpflichtig. Tauschhandel eröffnete die Kornkammern der antiken Welt am Nildelta, am Ganges und im Fünfstromland wie in Mesopotamien und legte frühzeitig den Grundstein zu der hohen technischen und geistigen Culturentfaltung jener gesegneten Länder Aegypten, Indien und Babylonien. Das grösste Handelsvolk des gesammten Alterthums gieng nicht aus der Industrie, vielmehr aus der Fischerei hervor. Und selbst zur Zeit ihrer höchsten Blüthe nahm bei den Phöniziern die Industrie gegenüber dem Handel nur eine untergeordnete Stellung ein. Hier war und blieb sie die Stieftochter kaufmännischer Speculation. Dasselbe gilt von den Karthagern, ja selbst zum Theil von den Griechen. Das römische Reich aber, trotz seiner ungeheuren Ausdehnung, trieb vom Anfang bis zum Ende nur einen allerdings zu Zeiten riesenhaften Passivhandel. Allgemein verachtet, konnten denn auch Gewerbe und Industrie dort nicht gedeihen.

Die erste bedeutsame Nachricht wirthschaftlicher Natur aus den Ländergebieten, die unser Oesterreich heute in sich vereinigt, ist naturgemäss handelspolitischen Inhalts. Sie berührt sich zeitlich mit der Schöpfung der Ostmark, als eines Bestandtheiles des grossen germanischen Staatswesens, das unter fränkischer Herrschaft auf den Trümmern des römischen Reiches erstanden war. Die Handelssatzungen Kaiser Karls des Grossen vom Jahre 805 werden aber wieder wesentlich ergänzt durch die nicht minder wichtige, hundert Jahre später erlassene Raffelstetter Zollordnung König Ludwigs des Kindes. Ihnen verdanken wir zugleich die Kenntnis der ältesten territorialen und ethnographischen Verhältnisse unseres Gebietes und seiner Nachbarschaft. Sie gebieten unter Anderem dem Grafen des Nordgaues wie dem der Ostmark mit dem Amtssitze in Lorch, die unbefugte Waffenausfuhr zu den »benachbarten Slaven« zu hindern. Sie nennen ausser Lorch und Raffelstetten (bei Enns) die Zollstätten und Handelsplätze Wien, Rosdorf, Linz, Eperasburch (Ebelsberg) und Mautern. Die angesehensten Bewohner der Provinz beschworen in Gegenwart der kaiserlichen Abgesandten auf die Frage des Markgrafen Aribo, dass seit den Zeiten der Könige Ludwig (des Deutschen) und Karlmann in der Ostmark folgende Zollabgaben bestanden:

Schiffe, welche den »Passauerwald« passiren und irgendwo anlegen, zahlen eine halbe Drachme und dürfen alsdann nach Belieben Handel treiben. Schiffe, die bis Linz hinab fahren, geben vom Salze drei halbe Metzen oder drei Scheffel; »von Sclaven und anderen Waaren wird dort kein Zoll bezahlt«. Baiern und Slaven, welche Lebensmittel einhandeln, sind mitsammt ihren Pferden und Ochsen zollfrei. Die Mährer und Böhmen geben von einem Saum Wachs einen Scoter (= $\frac{1}{2}$ Drachme). Eine Sclavin wird einem männlichen Pferde gleich geschätzt; man bezahlt bei ihrer Einfuhr einen Drittelschilling, von einem Sclaven oder einer Stute eine »Saiga« (= 3 Denare). Wer mit den Mährern Handel treiben will, zahlt von jedem Schiffe einen Schilling.

Jüdische Kaufleute, sie mögen woher immer kommen, zahlen von Waaren und Sclaven einen billigen Zoll« u. s. w.

Man sieht hierin ein ganz beiläufiges Bild der uranfänglichen Verhältnisse, aus denen sich der Industrialismus unserer Länder emporarbeitete. Er hat ein mehr als tausendjähriges, mühseliges Wachsthum aufzuweisen. Unzählige Hindernisse waren zu überwinden, bevor sich der unscheinbare Sprössling zum kräftigen, ansehnlichen Stamm entwickelte. Seine Geschichte ist noch nicht geschrieben: auch die nachfolgenden Blätter wollen sie nicht bieten. Es mag genügen, an jenem Stamm einige Jahresringe zu zählen.

* * *

Das Mittelalter sah in Handel und Gewerbe so recht eigentlich die »bürgerliche Nahrung«. Ihr Werden und Wachsen war bedingt durch die Entstehung und Förderung städtischer Gemeinwesen. In der Ostmark waren es die Babenberger, in Böhmen die Přemysliden, in Carentanien die steirischen Ottokare, die sich als Städtegründer die grössten Verdienste erwarben. Also entstanden die wohlprivilegirten Städte Mauthausen, Melk, St. Pölten, Stein, Tulln u. a. m. Das 1212 der Gemeinde Enns verliehene Stadtrecht wurde das Mutterrecht für die späteren österreichischen Stadtrechte; selbst das von Wien (1221) fusst auf demselben. Bereits um die Mitte des 12. Jahrhunderts nahm Graz einen gewissen Aufschwung. Der damalige Handel Wiens mit Italien gieng durch die Steiermark, entweder über Enns, Steyr, Rottenmann nach Judenburg oder über Wiener-Neustadt und Bruck eben dahin.

Weiter zurück reicht die erste Blüthe der Stadt Prag. Deutsche Kaufleute, die dorthin kamen, liessen sich dauernd nieder, so auf dem Wyschehrad und in der Vorburg unter dem Hradschin am rechten und linken Moldauufer, wo schon im Jahre 1039 von geräumigen Marktplätzen die Rede ist. Der erste König des Landes, Wratislaw II., gab den neuen Ansiedlungen, besonders auf dem Pořič, die ersten Privilegien, die von seinen Nachfolgern bestätigt und erweitert wurden. Wenzel I. gründete im Prager Burgflecken die sogenannte Neustadt bei St. Gallus; es folgte jenseits des Flusses die »Neue Stadt unter der Prager Burg« oder »die Kleinere Stadt« (Kleinseite). Allmälig entwickelte sich in der Altstadt ein eigenes Recht, das Prager Stadtrecht. Nach dem Muster dieser Schöpfungen wurden in einzelnen Vororten königlicher Schlösser auf dem Lande deutsche Städte ins Leben gerufen. Unter Ottokar I. entstanden nachweislich die Städte Grätz (Königgrätz) und Kladrau; unter Wenzel I. Budin, Komotau Leitmeritz, Saaz; unter Ottokar II. aber Aussig, Beraun, Brüx, Budweis, Czaslau, Chrudim, Hohenmauth, Hirschberg, Kaaden, Kauřim, Kolin, Kuttenberg, Melnik, Mies, Nimburg, Pilsen, Politz, Polička und Taus. Nicht viel später erscheinen die Städte Laun, Leutomischel, Rackonitz, Jaroměř, Wodnian u. s. w.

Das Beispiel der Landesherren wurde in der Folge von den Klöstern und sonstigen Grossgrundbesitzern nachgeahmt: neben den landesherrlichen Municipien erstehen zahlreiche, gleichfalls privilegirte, doch nicht völlig freie Klöster- und Herrenstädte. In ihnen allen bildeten Handel und Gewerbe die Hauptbeschäftigung ihrer Bewohner. Sie zu stützen und zu fördern, kannte die Zeit, von der wir sprechen, wieder nur Mittel einer Art: Stapel- und Meilenrechte u. dgl. Es ist ein ernstes Wort aus würdigem Munde, dass »die Fürsten älterer Zeiten nicht nach weisen Grundsätzen der Gerechtigkeit und Billigkeit, sondern grösstentheils nach dem Inhalt vorhandener Privilegien ihre Völker regierten, ohne zu bedenken, dass sie ihre Machtvollkommenheit weit besser dazu verwendeten, diesen alten Sauerteig gänzlich abzuschaffen, als ihn noch länger beizubehalten und zu schützen.«[1]) Der Handel war und blieb ein ausschliessliches Befugnis der Bürger. Dem Stapelrechte zufolge musste jedwede Waare, bevor über sie weiter verfügt werden konnte, eine Zeit lang im Kaufhause den einheimischen Bürgern feilgeboten werden. Vermöge des Meilenrechtes aber durfte im Umfange einer Meile um den privilegirten Ort Niemand eine »bürgerliche Nahrung«, insbesondere die Braugerechtigkeit, betreiben. Neben den ältesten handwerks-

[1]) Worte des regulirten Chorherrn und Pfarrers zu St. Florian, Franz Kurz, in seinem dankenswerthen Buche »Oesterreichs Handel in älteren Zeiten« (Linz 1822), S. 181.

mässigen Gewerben der Müller, Bäcker und Fleischer, der Schuhmacher und Schneider, der Maurer, Zimmerleute und Schmiede, der Gerber, Kürschner, Weber u. s. w. gedieh denn in den meisten Städten namentlich das der Mälzer und Bierbrauer, das allen voran den ersten Anlauf nahm, zur Industrie zu erstarken und sich auszubreiten.

Auf Grund religiöser Vereinigungen fanden sich frühzeitig einzelne Handwerke in Innungen und Zünften zusammen. Unter ihnen gelangte die der Tuchmacher zu rascherem Ansehen; zunächst in Böhmen. Schon König Ottokar I. privilegirte die Wollenweber zu Braunau; flandrische Tucher wurden von Ottokar II. ins Land berufen und liessen sich in Braunau, Friedland und Nimburg nieder. Neben der Tucherzeugung that sich auch bald die Leinweberei hervor, vorzugsweise wieder in Böhmen und der Nachbarschaft. Wohl unterliegt es ebenso keinem Zweifel, dass die erste Errichtung von Glashütten in Böhmen und Mähren weiter zurückreicht, als nach den vorliegenden urkundlichen Nachrichten bisher angenommen werden wollte.

Der Handel Böhmens mit seinem südlichen Grenzlande und dessen Hauptstadt gewann immer grössere Bedeutung. Von Herzog Leopold VI. (1198 fg.) erzählt man, dass er der Wiener Kaufmannschaft zu ihrem besseren Fortkommen die Summe von 30.000 Mark geliehen habe. Der Waarenverkehr auf der Donau erreichte im 13. Jahrhundert eine ungeahnte Höhe. Von Constantinopel kamen griechische und indische Producte aller Art, aus Ungarn aber Wolle, Getreide, Schlachtvieh und Wein, während Deutschland mit Einschluss von Böhmen, wie angedeutet worden, zumeist Tuche, Leinwanden, Glas, Bier und Meth lieferte. Eisen und Eisenwaaren bezog Wien notorisch bereits damals aus den uralten Fund- und Schmelzstätten des »norischen Eisens«, Vordernberg und Innerberg (Eisenerz), am Fusse des steirischen Erzberges.

Gleichwie die Babenberger wussten die Habsburger, deren Erben, der Stellung Wiens als Handelsstadt gerecht zu werden. Die Söhne Rudolfs von Habsburg wurden für

Oesterreich und die mit ihm bereits vereinigten Ländereien von Steiermark, Krain und Pordenone, was die ersten Luxemburger für Böhmen. Ein Privilegium Ludwigs des Baiern 1330 hatte den Prager Bürgern Zollfreiheit im Handel mit dem deutschen Reiche gewährt. Die Könige Johann und Karl IV. beeilten sich, die erworbene Freiheit mehr und mehr zu erweitern. Dem Handel aber immer wieder neuen Nährstoff zuzuführen, war Karl IV. wie keiner vor ihm darauf bedacht, nicht nur die schon bestehenden Gewerbe zu organisiren und dadurch zu vervollkommnen, sondern auch neue, bisher völlig unbekannte Betriebe ins Land zu ziehen und daselbst einzubürgern. Nachweisbar erstanden unter seiner Herrschaft in Böhmen die Handwerke der Zinngiesserei, der Färberei und der Papiererzeugung. Die Kunstgewerbe der Maler, der Goldarbeiter, der Steinschleifer und Gürtler wurden von ihm, ebenso wie die Waffenschmiede und Glaser, mit besonderen Vorrechten ausgestattet. Als deutscher Kaiser ertheilte Karl IV. (1368) den österreichischen Kaufleuten die Freiheit, den Weinhandel durch Mähren nach Böhmen und Polen ungehindert zu betreiben, wogegen es den Bewohnern jener Länder zu gestatten sei, in Oesterreich Getreide einzuführen. Schon früher (1351) hatten die Grafen Meinhard und Heinrich von Görz allen Kaufleuten der österreichischen Provinzen, als unter ihrem Schutze stehend, sicheres Geleite verheissen. Einen noch weitergehenden Schutzbrief verlieh Meinhard von Görz im Jahre 1369 den »ehrbaren Kaufleuten von Wien«. Sie verstanden es vortrefflich, diese und andere Gnaden sich in ausgiebiger Weise nutzbar zu machen.

Trotzdem ist anzunehmen, dass wie an gewerblicher Thätigkeit Böhmen schon damals die eigentlich österreichischen Länder unstreitig überragte, dasselbe ihnen gar bald auch in Bezug auf Ausdehnung und Intensität des Handels den Rang abgelaufen hätte, wäre nicht ein Ereignis eingetreten, das jenes mächtig aufstrebende, hochentwickelte Land um viele Menschenalter in seiner Cultur zurückwarf. Die furchtbaren, langwierigen Hussitenkriege zerstörten die erste grosse, schöne Blüthe des Handels und der Gewerbe in Böhmen, und zwar so gründlich, dass beide für lange Zeit von aller Concurrenz sich völlig ausgeschlossen sahen.

* * *

Ein Ueberblick der gegenwärtigen Verhältnisse industrieller Production Oesterreichs bietet vor Allem eine auffällige, merkwürdige Thatsache. Der nackten statistischen Zahl nach weist unter sämmtlichen Königreichen und Ländern dieser Monarchie Böhmen allein weitaus die grösste Zahl selbstständiger gewerblicher Unternehmungen auf. Der dritte Theil aller industriellen Betriebsstätten Gesammt-Oesterreichs entfällt ziffermässig auf Böhmen, zunächst auf Nordböhmen. Unter ihnen, wohlgemerkt, erscheinen aber auch alle bedeutendsten und leistungsfähigsten Etablissements fast jeder Branche ohne Ausnahme. Für dieses hochbeachtenswerthe Factum suchen wir nicht vergebens nach der Erklärung. Sie dürfte zum Theil schon in dem Gesagten unschwer zu finden sein; weitere Aufklärungen werden folgen. Die Industriegeschichte Böhmens ist zugleich das gewichtigste, werthvollste Stück Geschichte österreichischer Industrie; Blatt für Blatt kommt sie auf jene zurück.

Die bleibende Vereinigung Böhmens mit Innerösterreich (1526) war, wie in jeder anderen Hinsicht, so auch in industrieller Richtung ausschlaggebend. Nichtsdestoweniger wäre es verfehlt, bei der Beurtheilung der Wechselwirkung der vereinigten Ländergebiete in dem fraglichen Punkte allzuweit zu gehen; sie trat keineswegs sofort zu Tage. Jene Vereinigung blieb geraume Zeit eine mehr äusserliche; es fehlte vorerst das Band, das allein im Stande ist, wirthschaftliche Theile in ein organisches Ganzes zusammenzuschweissen: das ist der einheitliche Geist, der die verschiedenen Gliedmassen eines Staatskörpers durchdringt, die gemeinsame wirthschaftliche Gesetzgebung, der Kern jeder gesunden Staatsidee. Sie kam in Oesterreich nur langsam zur Reife.

Der erste Schritt zu ihrer Verwirklichung war die Creirung einer Hofkammer in Wien (1527) zur obersten Verwaltung der Staatsfinanzen, zugleich als Centralstelle für die Provinzialbehörden (Kammern). Emsig bauten die Könige, zugleich Kaiser, Ferdinand I. und Maximilian II., an der inneren Organisation. Industrielle Pflanzungen, an denen es auch fernerhin nicht fehlte, blieben nach wie vor ziemlich ganz sich selbst überlassen; nicht sowohl nach einem bestimmten Plan in sorgfältig gepflegten Gartenanlagen, vielmehr wie wilde Schösslinge im Walde wuchsen sie auf, allen Unbilden der Zeit fast schutzlos preisgegeben, um grossentheils bald wieder abzusterben und zu verschwinden, da und dort aber dennoch, allerdings zumeist nur vereinzelt, Wurzel zu schlagen und der Zukunft entgegenzureifen.

Eine verhängnisvolle Umwälzung vollzog sich für die kaiserlichen Erbländer im Laufe des 16. Jahrhunderts in Folge der Entdeckung Amerikas und des neuen Seeweges nach Ostindien: die Ablenkung des einen Hauptstromes im bisherigen Welthandel, der, wie wir gesehen, von Constantinopel längs der Donau und von den italienischen Städten über Wien nach Mittel- und Norddeutschland sich bewegt hatte. Der Handel Deutschlands sowie Oesterreichs begann zu sinken. Kleine Erfolge im Gewerbsleben konnten den Niedergang des grossen Ganzen nicht aufhalten.

Beinahe in allen österreichischen Provinzen fand die Erfindung des Jürgen'schen Spinnrades schon unter Ferdinand I. Verbreitung; sie hob die Weberei jeder Art mit vielem Nachdruck und brachte der ärmeren Bevölkerung beiderlei Geschlechts nicht nur auf dem flachen Lande, sondern auch und ganz besonders im Gebirge eine dauernde, bescheiden lohnende Nebenbeschäftigung. Speciell dem böhmischen Erzgebirge kam die gleichzeitige Einführung der Spitzenklöppelei durch Barbara Uttmann zu Gute. Als wesentliche Förderin der böhmischen Glas-Industrie erscheint um 1530 die aus Sachsen eingewanderte Familie der Schürer von Waldheim, zuerst im sogenannten böhmischen Niederland (Falkenau, Kreibitz u. s. w.), dann im Iser- und Riesengebirge, endlich im Böhmerwald.

Zur selben Zeit entstanden in Böhmen die ersten Alaunwerke, als deren Gründer der tüchtige Berghauptmann Christoph von Gendorf († 1563) zu betrachten ist. Er betrieb die Alaungewinnung in Schasslowitz und brachte diese Werke zu hoher Blüthe, besonders als im Jahre 1549 ein Einfuhrverbot von Alaun und Vitriol erlassen wurde, Gendorf dagegen zu seiner Fabrication mehrfache Privilegien erhielt.

Nicht nur für Böhmen, auch für Mähren und Oberösterreich erliess Maximilian II. einzelne Verfügungen zur Hebung des Wollengewerbes. Eines besonderen Aufschwunges erfreute sich in der zweiten Hälfte des 16. Jahrhunderts der Leinenhandel Schlesiens, dessen Mittelpunkt das Städtchen Jauer bildete.[1] Noch vor Ausgang des Jahrhunderts kam in Niederösterreich, Böhmen, Mähren und Schlesien der von William Lee erfundene Strumpfwirkerstuhl in häufigere Anwendung.

Rudolfs II. Augenmerk war fast ausschliesslich auf Böhmen gerichtet. Mit lebhaftem Interesse verfolgte er dort besonders die Ausbreitung des Bergbaues; ihm dankt die Steinschleiferei, die Bearbeitung edler und halbedler Steine, ihre Wiederbelebung. Damit im Zusammenhange steht, dass in den Jahren 1570—1580 in Böhmen, auf der Herrschaft Radnitz, kieshaltige Steinkohle zur Alaunfabrication Verwendung fand; ebenso dass bereits damals in Nordböhmen, im Elbogner Kreise, der Bau auf Braunkohle betrieben wurde.

Des Kaisers ausgesprochener Kunstsinn rief eine Menge Künstler — Maler, Bildhauer, Baumeister, Mechaniker u. s. w. — an seinen Hof in Prag, der eine Zeit lang einer grossen Kunstakademie sehr ähnlich sah. Auch an Adepten, an Alchimisten und Astrologen fehlte es nicht.

[1] Dr. Alfred Zimmermann, Blüthe und Verfall des Leinengewebes in Schlesien (Breslau 1885).

Die Hofhaltung verschlang Unsummen. Die wichtigsten Verwaltungszweige schädigte eine empfindliche Geldnoth. Die sonst erhebliche Ausbeute der königlichen Bergwerke sank in Folge dessen immer tiefer. Die Regulirung der Moldau und Elbe und die Befreiung der Elbeschifffahrt von allerhand drückenden Lasten wurde wiederholt angeregt. Der Landtag setzte zeit 1576 fast alljährlich eigene Commissionen zu diesem Zwecke ein; mit den übrigen Uferstaaten, den Regierungen von Brandenburg, Celle und Lüneburg, den Städten Magdeburg und Hamburg wurden bis 1596 ununterbrochen Verhandlungen gepflogen — doch gleichfalls ohne den rechten Erfolg. Es »wird vermuthlich«, sagt ein späterer Bericht, »der damals fürgewährte heftige Türkenkrieg, dann Ihro Majestät Rudolphi bald darauf erfolgte Todfall und ferner die hungar- und böhmische Unruhe das Werk unterbrochen haben«.

Trotz unleugbarer Fortschritte im Einzelnen bot zur Zeit Böhmen im grossen Ganzen keinen erhebenden Eindruck. Karl von Zierotin, der mährische Patriot, der im Jahre 1590 Böhmen bereiste, spricht sich mit Offenheit folgendermassen aus: »Das Volk in Böhmen hat keine Industrie; es liebt nur dasjenige, was von selbst und ohne Mühe producirt wird. Ich glaube, dass wenn das Land nicht so fruchtbar wäre, ein grosser Theil des Volkes Hungers sterben müsste. Es lebt in den Tag hinein und kümmert sich nur um die Gegenwart. Die böhmischen Städte, Prag ausgenommen, können mit den Städten Deutschlands nicht verglichen werden; nur der Marktplatz wird mit mittelmässigen Gebäuden geziert, sonst haben sie nichts Sehenswerthes.« Ein hartes, leider aber zutreffendes Urtheil, wenigstens in Bezug auf die slavischen Landestheile.

Rudolf fiel als das unblutige Opfer einer Verschwörung der Länder Niederösterreich, Böhmen, Mähren, Schlesien, Ungarn und Siebenbürgen mit seinem eigenen Bruder Mathias. Bald aber richtete sich die Verschwörung gegen ihren Urheber. Vor seinem Ende sah Mathias einen neuen schweren Kampf entbrennen, der alle seine Länder mitsammt dem ganzen deutschen Reiche, namentlich aber Böhmen, der Plünderung, Zerstörung und Verwüstung preisgab: den dreissigjährigen Krieg. Das Wort sagt Alles. Was der Krieg verschonte, verschlang die ihr auf dem Fusse folgende Gegenreformation, die grausame Verjagung der protestantischen Bewohner in Stadt und Land, meist Handel- und Gewerbetreibender. . . .

Hier ist der Ort, für die oben festgestellte Thatsache der eigenartigen, man ist versucht zu sagen: souveränen Stellung der Industrie des nördlichen Böhmen gegenüber jener aller anderen Kronländer des heutigen Oesterreich den tiefer liegenden Erklärungsgrund näher nachzuweisen. Dazu ist unerlässlich, in Details einzugehen.

Dasselbe nördliche Böhmen, das gegenwärtig als der Hauptsitz österreichischer Industrie zu gelten hat, bildete zu der Zeit, von der wir sprechen, seiner grössten Ausdehnung nach ein von dem übrigen Lande vollständig losgelöstes, selbstständiges Staatswesen: das Herzogthum Friedland, die eigenste Schöpfung Wallenstein's, des grossen Heerführers und grösseren, erfolgreicheren Landesfürsten. Er muss in erster Linie als der geistige wie materielle Urheber der nordböhmischen Industrie im modernen Sinne dieses Wortes erkannt und anerkannt werden. Hier die Belege.

* * *

allenstein[1]) war ein praktisches Universalgenie, zumal in nationalökonomischen Dingen. Als ausgezeichneter Landwirth traf er Anstalten, welche den Bodenertrag seiner Güter ausserordentlich steigerten. Für den Absatz war von vornherein gesorgt. Bereits im Jahre 1625 verlangt der Feldherr von seinem Landeshauptmann zu wissen, wie viel an Körnerfrüchten er heuer von seinen Gütern haben könne, um sie vermahlen und verbacken zu lassen — »denn ich vermeine, auf den Frühling mit 50.000 Mann ins Feld zu ziehen«. Alljährlich giengen Hunderttausende von Strich Weizen, Gerste und Korn aus dem Friedländischen in Wallenstein's Lager — Getreide und Mehl, Brot und Biskoten (Zwieback). Immer wieder kommt der Befehl an Gerhard Taxis, er lasse so und so viel Scheffel Korn »bei Tag und Nacht zu Mehl machen«. Und »wenn die Bäcker mit den Oefen nicht fortkommen können, sollen sie in der Bürger Backöfen oder auf den Dorfschaften, wo die Oefen nur tauglich, backen lassen«. Das bestellte Korn soll nicht »genetzet« werden, »weil daraus Biskoten zu backen, wie der abgeordnete Bäcker lehren wird«. Da feierte kein Bäckergehilfe, kein Müllerknecht im ganzen Herzogthum. Und ihre Waare musste eine gute sein; sonst hatte der Meister unnachsichtlich den Schaden zu tragen.

Wie für die Ernährung sollte aber auch für die Ausrüstung der Heere von Gitschin aus, der Hauptstadt des Herzogthums, gesorgt werden. Wallenstein's Regimenter wurden zum allergrössten Theil vom Kopf bis zum Fuss

[1] Das Folgende durchwegs nach bisher ungedruckten Briefen und sonstigen Urkunden des Staatsarchivs und des Kriegsarchivs in Wien. des Gubernialarchivs in Prag, sowie zahlreicher Privatarchive.

WALLENSTEIN.

von den Handwerken der friedländischen Städte bekleidet. Wie weit dabei die Fürsorge des Bestellers gieng, beweist unter vielem Anderen der fürstliche Befehl vom März 1626: »Lasst auch 10.000 Paar Schuhe machen für die Knecht, auf dass ich sie nachher auf die Regimenter kann austheilen. Lasst sie in meinen Städten und Märkten machen und zahlt sie baar aus, was sie werth sind. Die Schuh, dass allezeit ein jedes Paar fleissig zusammengebunden wird, auf dass man wisse, welche zusammengehören. Lasst derweil Leder präpariren, denn ich werde bald lassen auch ein paar tausend Stiefel fertig machen. Lasst auch Tuch fertig haben; vielleicht wird man auch Kleider bedürfen.« Die Schuhe sind durch eigene Personen zur Armee zu bringen — »denn wenn Ihr sie mit den Schiffleuten (auf der Elbe) solltet abführen, so stehlen und verlieren sie den halben Theil dessen«. Die letzte Getreidelieferung war schlecht, weil »allerlei Mischwerk durcheinander«.

Bald darauf kam die Bestellung auf »4000 Kleider vor die Knecht« — jedes Kleid aus einer »kriegerischen Juppen von Tuch«, Hosen und Strümpfen bestehend; Alles muss unfehlbarlich binnen zehn Wochen im Lager sein. »Leinwand hab ich«, schreibt Wallenstein, »die muss dick sein; die Wolle hab ich auch, die könnt ihr um Tuch vertauschen. Und also seht, dass das bald fertig ist — die Kleider lasst in meinen Städten machen.« Auch solche Befehle wiederholen sich oft. Die eigene Leinwand reichte so wenig aus wie die eigene Wolle oder der Vorrath eines grossen fürstlichen »Gerbhauses« in Gitschin. Im August 1627 wurde der Kriegszahlmeister nach Gitschin verschickt, mit dem Auftrage, »um 13.000 Reichsthaler Schuhe, Strümpfe und Kleider vor die Armee machen zu lassen«. »Assistirt ihm fleissig in Allem«, wird der Landeshauptmann angewiesen: »die 4000 Kleider, die Ihr vorm Jahr habt machen lassen, dass er Euch bezahlt, was sie mich kosten.« — Man kann gegen das Aerar nicht redlicher handeln. Aber auch nicht gegen die eigenen Unterthanen. Denn ausdrücklich erklärt der Fürst: »Das Tuch zu den Kleidern, wie auch die Schuh,

sollen im Herzogthum erkauft werden, denn ich will kein
anderes Interesse haben, allein dass um die Waaren das
Geld unter die Leute kommt.« Fast mit denselben Worten
wiederholte er später: »Ich will zwar keinen Schaden
leiden, begehre aber auch keinen Gewinn, sondern
hab kein anderes Interesse, als dass um die Waare Geld
unter die Leute kommt.« Und wenige Tage darauf: »Dem
Feldzahlmeister helft, dass er Schuh und Strümpf kann vor
die Armee in meinem territorio machen lassen, auf dass das
Geld daselbst bleibt. Darum seht, wo er das Tuch in meinen
Städten bekommt, denn es darf nicht Alles einerlei Farb
sein.«

Bald waren im ganzen Umfange des Herzogthumes alle
Gewerbe vollauf beschäftigt. Vorzüglich Friedland, Reichenberg, Leipa und Aicha gaben das Tuch: Hohenelbe, Arnau
und Pilnikau die Leinwand; Turnau, Münchengrätz
u. s. w. das Schuhwerk. In Friedland wurden ausserdem
die im Heere benöthigten Rüstwagen, Kaleschen und Pferde-
geschirre verfertigt. Erstere waren mit rothledernen Decken
beschlagen, die Kaleschen aber mit einer »Scheitrocken«
versehen — »wir Deutschen«, meint die Gitschiner Kammer,
»nennen es eine Kölle« — »dass man allerhand Sachen
darin führen kann«. Auch für die Ausrüstung im engeren
Sinne, für Munition u. dgl., musste das Herzogthum Friedland aufkommen. Noch vor dem Abgange zum Heere, im
Juni 1625, schreibt Wallenstein an Taxis, »dass Ihr in
meinem ganzen Gebiet eine gute Anzahl Saliterhütten sollt
machen lassen; damit werde ich mein Einkommens grösser
machen und itzunder mir sehr gelegen sein, dass ich meine
eigenen Pulvermühlen hab«. In Gitschin, Turnau,
Münchengrätz und Hořitz wurden solche Pulvermühlen
angelegt. Das genügte aber nicht. Wieder nach Jahresfrist
wurde eine Vermehrung dieser Mühlen anbefohlen. Taxis
war ausser Stande dem Befehle nachzukommen. Da schrieb
Wallenstein abermals nach einem Jahre: »Lasst alle anderen Sachen eher stehen und liegen und richtet die
Saliterhütten auf. Spart keine Unkosten darüber und seht,

dass von heut in einem Jahre Ihr mir 1500 Centner Pulver liefert von dem, so daselbst gemacht wird — koste es nun, was es will, denn icht hue es nicht ohne Ursach.« So ergieng denn durch Taxis Namens des Herzogs ein Patent des Inhalts, »dass man in dero Herzogthum allerorten, wo die Materie fürhanden, Saliterhütten und Pulvermühlen aufbauen und darinnen Saliter sieden und Pulver machen solle«. zu welchem Zwecke Lucas Neyse, »kaiserl. Pulvermacher«, und zwei andere Sachverständige entsendet wurden, das Geeignete zu veranlassen.

Nach Hohenelbe und Gitschin kamen, vom Friedländer verschrieben, Waffenschmiede und »Gewehrmacher« aus fernen Ländern. »Die, so das Gewehr machen werden, lasst auch kommen und spart wiederum keine Unkosten,« so lautet ein Schreiben; ein zweites: »Seht mir die, so von Seiden arbeiten, auf Gitschin aus Welschland bringen zu lassen, wie auch, die Waffen machen, aus Niederland.« Ein drittes: »Bitt Euch, lasst incontinenti die kommen, so Waffen machen, und dass sie's machen, sei's nun in Gitschin oder zu Friedland« u. s. w. Als Lieferanten von allerhand Eisenwaaren erscheinen die Hammerwerke in Hohenelbe, Friedland und Raspenau. Die gewaltigen Feuerballen, mit denen der Mansfelder beim Dessauer Brückenkopfe unsanft genug empfangen und nach hartem Kampfe aufs Haupt geschlagen wurde; die Kartaunen und Kettenkugeln, die bei Wismar, Aalborg und Hobro die Dänen, vor Nürnberg und Lützen die Schweden, vor Prag, Schweidnitz und Steinau die Sachsen und Brandenburger, vor Neuhäusl, Tyrnau und Neograd die Türken und Tartaren mit Tod und Verderben überschütteten, sie waren in den genannten Werken gegossen und geschmiedet. »Lasst die Kugeln giessen«, heisst es, »dass sie geschmiedet werden, und schickt bald eine Anzahl auf die Neiss (nach Neisse), nicht vor die Singerinnen, sondern vor die Quartierschlangen.« Bald wieder folgt die Bestellung von 1000 Stück zehnpfündigen Kugeln und abermals eine solche auf 4000 Stück, und zwar für die »Singerinnen«. Der Flösser, der sie von

Tetschen aus verfrachtet, nimmt auch 1200 Centner Lunten und 796 Stück »Eisenwerk vor die Artillerie« mit. Die Lunten kamen regelmässig aus Arnau. Die bestehenden Eisenhämmer vermochten den Bedarf an Guss- und Schmiedeeisen nicht mehr zu decken. In Friedland wurde deshalb schon 1627 ein zweites Hammerwerk errichtet. Sämmtliche Hämmer standen im Pachtbetrieb. Die Pächter aber wurden übermüthig und stellten unverschämte Preise. Wallenstein machte kurzen Process. »Sonsten will ich nicht«, eröffnet er Ende des Jahres 1628 Taxis, »dass Ihr was mehr vor den Kaiser machen sollt lassen, insonderheit von Eisenwerk, denn es ist so überaus theuer, dass man's anderswo um den dritten Preis kaufen kann, dahero Ihr nichts mehr machen lasst, denn auf solche Weise hätten die Kerls, so die Hammer in Bestand haben, eine gute Sach«. Erst im Winter 1631/32 wurden die Hämmer, und zwar in eigener Regie, wieder für die Armee in Betrieb gesetzt, und empfieng der Friedländer Hauptmann die Weisung, er möge, »so bald es nur möglich sein kann, den hohen Ofen zu Raspenau anlassen und anrichten, wie denn die Kugeln hier müssen gegossen werden«. Ebendaselbst wurden die Hufeisen und Hufnägel für die gesammte Reiterei der grossen Armee des Friedländers geliefert.

Auch die Gewerbe zu friedlichen Zwecken fanden unausgesetzt sorgsame Pflege und Förderung. So ist der Fürst bedacht (1624), »einen guten französischen Schneider« für Gitschin aufzutreiben, »auf dass man nicht dürfe über Land schicken, Kleider zu machen, dieweil nicht allein alle meine expeditiones allda sein werden, sondern auch ein Studium (eine Hochschule). Ich wollte ihm auch alle meine Kleider, sowohl auch die Livréen machen lassen — denn sollen mir Fremde stehlen, so will ich's lieber den Einheimischen zulassen.« Es lobt der Herzog (1625) die gute Verwahrung der Maulbeerbäume in Gitschin, deren Pflanzung er anbefohlen, und verlangt, dass man sich »um dergleichen Leute bemühe, welche von allerlei Künsten und gute Hantierungen führen und die arte della lana daselbst treiben, auf dass die Stadt dadurch in desto mehr wachsendes Aufnehmen gelange«. Es ist ein ständiger Befehl durch geraume Zeit: »Wegen der arte della seda seht, dass ins Werk gerichtet wird; die Leder lasst auch arbeiten.« Es wurde zur Erbauung einer grossen Gerberei geschritten. Dass der Jud zu Gitschin trafikiren will«, antwortet der Fürst auf eine Anfrage des Landeshauptmannes, »höre ich gern; lasst's ihm nur zu.« Später (1632) wurde »der Röm. kaiserl. Majestät Diener und Hofhandelsjuden« Jakob Bassevi von Treuenberg, der sich mit seinem Vetter Leon Bassevi bereit erklärte, sich in Gitschin niederzulassen, um »alldort seine Commerzien und Handlung anzustellen, zu führen und zu treiben«, ein ausgiebiger Freiheitsbrief verliehen und »zu mehrern Aufnehmen ihrer Handlung« ein Betrag von 30.000 fl. vorgestreckt. Schon vor Jahresfrist war an die Hauptleute des Herzogthums die Weisung ergangen: »Weil so viel hochansehnliche Grafen und Herren anitzo zu Gitschin sein und kommen, als soll ein freier, öffentlicher Markt zu Gitschin gehalten werden«, wozu die Kaufleute von allen Herrschaften berufen werden mögen.

Der Maulbeerbäume wird fleissig gewartet, meldet Taxis (September 1625), und hofft der Wärter, »auf's Jahr, will's Gott, etwas wenig von Seiden auch zu machen zur Proba«; er hat Aussichten, im Frühjahr aus Italien »gute laboratori dell'arte della lana« zu bekommen; »es werden sich auch zwo Eisenhändler hier niedersetzen«, und »die Gerberei ist auch allbereit in gar guten terminis«. Besonders für die Seiden-Industrie erwärmt sich der Fürst, weshalb er Maulbeerbäume in immer grösserer Menge zu pflanzen befiehlt, »denn das wird ein gross Einkommens bringen«. Zehn neuerbaute Häuser in Gitschin will er »durch lauter Plattner bewohnen lassen«. Er schickt den Saganer Baumeister dahin in Begleitung eines gewissen Beato Beati aus Brescia »wegen Einführung des Gewerbes der Plattner«.

Nach Tausenden zählen die Erlässe Wallenstein's zur Einführung und Hebung der verschiedensten Gewerbszweige in seinem Herzogthum. Mit Eifersucht wachte er, wie in allem Uebrigen, so auch hier auf das ihm vom Kaiser eingeräumte landesherrliche Selbstbestimmungsrecht. Die Aeltesten der Tuchmacherzünfte zu Friedland, Reichenberg und Leipa gedachten um Confirmirung ihrer Privilegien bei dem Kaiser einzuschreiten und frugen darum an, ob es gestattet wäre, »dass sie, wie von ihnen begehrt wird, mit dem Handwerk im ganzen Lande diesfalls heben und legen möchten«. Darauf folgte (1628) die Entschliessung: »Wenn wir denn zuzulassen nicht gemeint, dass unsere Unterthanen gleichsam von den anderen Meistern in dieses Königreiches Städten dependiren sollen, sondern wir selbst die Macht haben, ihnen privilegia zu geben: Als werdet Ihr ihnen anbefehlen, die Artikelsbriefe, die sie haben, nach Gitschin förderlichst einzuschicken; so sollen sie nach Ersehung derselben ihrer freien Nahrung halben genugsam versorgt, auch dabei gebührlich geschützt und gehandhabt werden.« Im gleichen Sinne ergieng an die Zünfte der Fleischer, der Barettmacher u. s. w. in Leipa die Weisung: »Weil das Herzogthum Friedland vom Königreiche Böhmen diesfalls anderergestalt privilegirt und anjetzo keinem Handwerk in demselben vonnöthen, sich zuvor bei der Pragerischen Hauptzeche, wie sonst geschehen, anzumelden oder deren Verordnung zu gewarten: Also mögt Ihr es damit anstellen, wie sonsten gebührt und bei Euch bräuchlich ist, ausser Vermittlung der Prager Hauptzeche, wie denn auch in Kurzem die Handwerke und Zechen dieses Herzogthums deswegen Privilegien erlangen werden.« . . .

Der einst sehr ergiebige Bergbau an vielen Orten des Iser- und Riesengebirges wurde nach gründlicher Durchsuchung durch Bergverständige aus Prag und Kuttenberg allmälig wieder aufgenommen: in Neustadtl bei Friedland, in Semil und Eisenbrod, in Hohenelbe, Rochlitz u. s. w. Bei dieser Gelegenheit suchte Landeshauptmann Taxis vergebens seinen Privatvortheil. Er meldete dem Herzog, dass auf der Herrschaft Sehmül (Semil) sich »eine rothe Farb befindt, welche man Zinnober nennen thut, welche doch mit grosser Mühe, in schlechter Quantität, mit Graben und

Waschwerk bis dato allda gefunden worden ist«. Er bittet um eine Bergfreiheit, des Inhalts, dass er allein »Macht und Gewalt in derselben Herrschaft Schmül Zinnober graben und waschen zu lassen habe«; der Zehnt solle dem Herzog vorbehalten bleiben. Wallenstein gieng nicht darauf ein, wie begreiflich. »Haltet mich vor kein solchen Narren«, lautete die Erledigung; »ich weiss wohl, was Zinnober ist — lasst solchen vor mich arbeiten.« —

Ein in Gitschin aufgerichtetes Münzamt war ununterbrochen in Thätigkeit, Gold- und Silberstücke in solche Wallenstein'schen Gepräges umzumünzen, auch Groschen und Kreuzer. »Ich thue es nicht des Nutzens, sondern der Reputation wegen«, war die Antwort, als der Vetter Max daran erinnerte, dass Münzen mit dem Gepräge des kaiserlichen Adlers einen grösseren Nutzen abwerfen würden. Fortwährende grosse Baulichkeiten auf fast allen Punkten des Fürstenthums — Kirchen und Klöster, Paläste und Schlösser, Spitäler und Armenhäuser u. s. w. — gaben unzähligen Handwerkern dauernde und lohnende Beschäftigung. Ein Privilegium vom 8. Mai 1628 erhob die Städte Gitschin, Friedland, Arnau, Leipa, Turnau, Böhmisch-Aicha und Weisswasser zu einem »freien Landstand« und räumte ihnen das Recht ein zur Vertretung auf einem durch besondere Landesordnung nach Gitschin zu berufenden Landtage. In Reichenberg wurde ein neuer, geräumiger Stadttheil, die Neustadt, angelegt (1630) und den dortigen Tuchmachern ein »Meisterhaus« und ein Knappenhaus« erbaut und später um mässigen Preis käuflich überlassen; auch ein grösseres »Färbehaus« sollte ihnen aus herzoglichen Mitteln errichtet werden. »Zur Verbesserung der Strassen« wurde derselben Stadt die Befugnis eingeräumt, von jedem Wagen Getreide und jedem Scheffel Salz einen Zoll von 3 Kreuzern einzuheben. Ein Decret verordnete in allen Städten und Märkten des Herzogthums, die »alten Lumpen, woraus man das Papier zu machen pflegt«, fleissig zu sammeln und »dem Papiermacher zu Friedland, Caspar Zimmermann, gegen Abforderung und Bezahlung« einzuliefern. Aus der durch Melchior von Redern (1590) »zum Behufe der Schule« erbauten Friedländer Papiermühle wurden im Jahre 1630 auf Wallenstein's Geheiss zu wiederholten Malen an Johann Kepler, der sich zu Sagan aufhielt, grosse Mengen Druckpapiers gesendet — »zu Beförderung des Tychonis de Brahe mathematischer Bücher«, zu deren Herausgabe Kepler in seinen letzten Lebenstagen Anstalten traf.

Am 12. Mai 1633 wurde der Grundstein zu einer neuen Stadt Gitschin gelegt, zu deren Neubau der früher kaiserliche Architekt Giov. Pieroni den Plan entworfen hatte. »Es wird eine grossmächtige Stadt daraus werden«, berichtet ein Augenzeuge. Der Stadt schien eine Zukunft bevorzustehen, nur jener der königlichen Landeshauptstadt vergleichbar. War für die Schulen allerwärts in ausreichender Weise gesorgt, um so mehr in Gitschin. Das Gleiche galt von der Sanitäts- und Armenpflege. Selbst eine allgemeine Feuerlöschordnung war nicht vergessen worden und wurde auf herzogliche Anordnung in Dorf und Stadt mit Strenge durchgeführt und gehandhabt. Das Brauwesen des Herzogthums erreichte eine Vervollkommnung wie nie zuvor. Dasselbe warf auf den herzoglichen Kammergütern in einem einzigen Jahre (1633) 76.438 fl. 20 kr. ab. Erzeugt wurden 14.123 Fass Bier (Mutter-, auch Land- oder Doppelbier, Gersten- und Weissbier). Die Einkünfte des Herzogthums schätzte Wallenstein selbst, »wenn auf den Herrschaften die Wirthschaften wohl und fleissig getrieben werden, mit den Contributionen bis in die 700.000 Gulden«. Und diese Rechnung stimmte vollkommen.

In seinem Testamente vom 26. Mai 1633, in welchem Wallenstein über die Erbfolge in seinen Herzogthümern Friedland, Sagan und Grossglogau verfügte, wehrte er keinem Nachfolger, »dem Allmächtigen zu Ehren oder um seiner Seelen Heil und Seligkeit willen zu Gottesgaben, Almosen, Kirchengebäuden und dergleichen von seinen eigenen Gütern zu verschaffen oder zu stiften«, so viel ihm beliebte — doch mit der weisen Beschränkung, dass »das baare Geld, so also gegeben werden möchte, allein ausser Landes ausgeliehen werden solle und nicht von den Ständen dieser Herzogthümer, damit dieselben nicht in schwere Schuldenlast verfallen«.... Man sieht, welche gesunde Finanzpolitik der Testator verfolgte, der mit dieser letztwilligen Weisung gewisse vielgerühmte »landesökonomische Hauptregeln« späterer Volkswirthe bereits anticipirte.

Bis zu Wallenstein's Tode betrat mit einer einzigen Ausnahme kein feindlicher Fuss den friedländischen Boden. Selbst während der Occupation des Landes durch die kursächsische Armee im Winter 1631/32 wurde kaum eine Klage laut über feindliche Bedrückung oder gar Plünderung, Mord und Todschlag, wie sie sonst allerwärts an der Tagesordnung waren. Auch Wallenstein liess sich des Kaisers Wunsch und Willen nach Rekatholisirung der Bewohner des Landes angelegen sein — jedoch in seiner Weise. »Die Reformation halte ich vor gut«, erklärte er; »die Violenzen vor bös. Drum will ich, dass man discretamente procedirt.« Und nochmals: »Mit Assistenz meines Vettern (Max von Waldstein) fahrt mit der Reformation fort, aber seht Discretion zu gebrauchen, denn die Violenzen taugen nichts. Mein Vetter hat schon einen Befehl, was vor Manier drin soll gebraucht werden.« Als dennoch nicht wenige seiner Unterthanen es vorzogen, den Reformationscommissären sich durch die Flucht zu entziehen und über die Grenze zu wandern, rief sie ein herzogliches Mandat in aller Form zurück, mit dem Bedeuten, »dass alle diejenigen, so aus angezogenen Ursachen sich absentirt, damit sie sich wieder erholen und zu Kräften kommen mögen, von dato in dreien Jahren aller Contribution und Gaben, wie auch aller Dienst und Roboten befreiet und deroselben gänzlich enthoben und geübrigt sein sollen, da sie sich nur sonsten, wie getreuen, gehorsamen Unterthanen geziemet und gebühret, erzeigen und beweisen; welches Jedweder zu erkennen und zu seinem Grund und Boden wiederzufinden wissen wird.« Der Landeshauptmann aber, wegen Anwendung von Militärgewalt bei der Reformation gehörig verwarnt, gab die Verwarnung an die Hauptleute der einzelnen Dominien weiter, nicht ohne beizufügen — »denn man viel besser wird thun, wenn man die Reformation ganz unterlasse, als mit so grossem Detriment und Schaden propagiren sollte«. . . .

Also entfaltete sich im böhmischen Norden während des allgemeinen Niederganges ringsum im Lande ein allerdings beträchtliches, vielgliedriges, blühendes Gemeinwesen und durfte es seine Kräfte sammeln, um die nun bald auch über diesen Landestheil hereinbrechenden Drangsale zu überdauern.

Dass der Fürst seine grosse Vorliebe für Werke des Friedens nicht auf den eigenen Besitz beschränkte, sondern nach besten Kräften auch anderweitig bethätigte, versteht sich von selbst. Hiefür aus zahllosen Beweisen nur einen. Es war im Jahre 1625, als in Innerberg (Steiermark) durch Vereinigung der dort schon seit Jahrhunderten bestehenden neunzehn einzelnen Schmelzöfen oder Radwerke zum gemeinsamen Betriebe die Innerberger Hauptgewerkschaft gegründet wurde. Sie litt, wie sich leicht denken lässt, durch die kriegerischen Zeitverhältnisse und die hierdurch bedingten vielen Hemmnisse des Verkehres ausserordentlich. Ihr griff denn Wallenstein mit einem geharnischten »Passbriefe«, der auch dem Kaiser überschickt wurde, »zu freier Fortstellung ihrer Handlung ins Reich und anderswo« unter die Arme. Zur strengen Darnachachtung wurde das Patent am 19. April 1633 den hervorragendsten Führern der Friedländischen Armee, den Generalen Aldringen, Gallas, Holk und Schauenburg, besonders eingeschärft. Die steirischen Gewerke wussten diese werkthätige, kräftige Intervention zu schätzen.

Aehnliche Schöpfungen wie jene Wallenstein's in Friedland-Reichenberg, Gitschin, Leipa, Aicha, Hohenelbe, Arnau u. s. w. hatte keiner seiner Zeitgenossen im Bereiche unserer Monarchie auch nur beiläufig aufzuweisen. Unseres Wissens hat in Böhmen ausserhalb des Herzogthums Friedland ein einziges grösseres Industrialunternehmen den Sturm des »grossen deutschen Krieges« überdauert, das im Jahre

1630 zu Lukawitz Herrschaft Nassaberg im Chrudimer Kreise) von Franz von Cuvier errichtete, nachweisbar älteste »Mineralwerk« Oesterreichs, das heute noch besteht.

Bei allem Stoffwechsel im Reiche der Materie geht doch bekanntlich kein Atom jemals verloren. So darf vielleicht auch behauptet werden: Wohlthäter, wirkliche und wahrhafte Wohlthäter der Menschheit, verfehlen nur selten oder niemals ganz ihren Zweck, ob sich nun ihre Thaten von vornherein als »Grossthaten« geben oder nicht. Die Geschichtsschreibung aber hat die ernste Pflicht, sie gebührend zu kennzeichnen, wo immer sie deren findet.

*   *

as da im nördlichen Böhmen durch Wallenstein für alle Zukunft eine Heimstätte gefunden hatte, war nicht mehr blosses Kleingewerbe, sondern bereits gewerbliche Massenproduction mit allen Merkmalen industriellen Grossbetriebes.

Auch Nordböhmen, wie gesagt, blieb nach Wallenstein's Tode weder von den Drangsalen des Krieges, noch von den ungleich grösseren Verheerungen der Gegenreformation verschont. Nicht weniger als 36.000 Familien mussten ihres Glaubens wegen Böhmen verlassen, darunter 7000 Unterthanen der Dominien Friedland-Reichenberg, grösstentheils wieder Gewerbsleute. Aehnliche Schicksale erlitten Ober- und Niederösterreich, Steiermark u. s. w.; nur dass die neuen Ansiedler, die den Vertriebenen folgten, in Innerösterreich bei Weitem nicht vorfanden, was in Nordböhmen allerdings in reichem Masse zu finden war: ein wohlgepflegtes, aufnahmsfähiges Feld der mannigfaltigsten und intensivsten gewerblichen Thätigkeit, deren werthvollste Traditionen keineswegs bereits vollständig verschwunden waren, vielmehr nur eines relativ mässigen Anstosses bedurften, um zu neuem, lebendigem Schaffen angeregt zu werden.

Wenige Jahrzehnte nach endlicher Wiederkehr des Friedens genügten hier, die Leinen- und Wollenweberei, die Eisen- und Lederbearbeitung, das Bekleidungsgewerbe, die Papiermanufactur, sowie verschiedene Zweige der chemischen Production, namentlich aber der Erzeugung von Nahrungs- und Genussmitteln, wieder in leidigen Flor zu bringen. Nordböhmische Städte durften sich noch vor Ausgang des Jahrhunderts an Zahl und Leistungsfähigkeit ihrer Gewerbetreibenden mit vielen anderen, vormals grösseren

KAISER LEOPOLD I.

Gemeinden in- und ausserhalb Böhmens messen. War ja doch beispielsweise im Jahre 1674 die Bürgerschaft der Stadt Iglau, deren Tuchmachergewerbe allein vor dem Kriege 8000 Personen umfasst hatte, auf 300 herabgesunken; so zählte Reichenbach in Schlesien, das früher mehr als 400 Barchentweber beschäftigt hatte, in genanntem Jahre Alles in Allem nicht einmal 150 Gewerbetreibende überhaupt. In Klagenfurt lebten zur selben Zeit kaum 200, in Judenburg, einer der ansehnlichsten Städte der Steiermark, gar nur noch 68 Handwerksmeister. Wien selbst, dessen Bevölkerung damals auf 100.000 Seelen geschätzt werden durfte, hatte gleichzeitig nicht mehr als 1679 Handwerksmeister aufzuweisen. Die folgenden Kriege mit Frankreich, häufige Seuchen, namentlich aber die sich fortwährend wiederholenden Einfälle der Türken lähmten die Steuerkraft dermassen, dass sich die Staatsverwaltung ernstlich gedrängt sah, vermittelnd einzugreifen, dem Handel und Gewerbe wieder aufzuhelfen.

Unleugbar: Kaiser Leopold I. war redlich bemüht, dasselbe Verdienst, das sich der Träger des Namens Friedland um dieses Fürstenthum erworben hatte, um seine Erbländer insgesammt beanspruchen zu können.... »Welchergestalten wir von Zeit unserer angetretenen Regierung uns nichts mehrers und eifrigers angelegen sein lassen, als dass die allgemeine Wohlfahrt und Aufnehmen unserer Königreiche, Lande und Leute befördert, sonderlich aber solche jederzeit in gutem Wohlstand erhalten und zu Aufnehmung derenselben einige Manufacturen introducirt werden mögen: wie dann bei deren Einführung viel tausend Menschen ihre ehrliche Nahrung überkommen, die rohe Waare im Lande erhalten, solche von denen Unterthanen verarbeitet, die Leute von dem Müssiggang abgehalten und zu ehrlicher Unterhaltung gebracht, mithin durch selbe die auftragende Contribution leichtlich gereicht, auch das sonst hievor hinausgeschickte Geld im Land verbleiben und solches sehr populos und nahrhaft gemacht werden möge.«[1]) So declarirte Leopold

[1]) Codex Austriacus, I (Wien 1704). 271.

in einem Ausschreiben am Ende seiner langjährigen Regierung; er durfte so sprechen.

Bereits ein kaiserliches Patent vom 1. Mai 1660 legte die volkswirthschaftlichen Intentionen des Monarchen in unzweideutiger Weise dar. Bei deren Durchführung standen ihm Männer wie Johann Joachim Becher und Philipp Wilhelm von Hörnigk treulich zur Seite. Am 22. Februar 1666 genehmigte Leopold das von Jenem ausgearbeitete Project eines neu zu schaffenden »Commercien-Collegiums« zur »Einführung der Manufacturen und Vermehrung der Commercien«.[1]) Die »vornehmste Verrichtung« der Mitglieder dieses Collegiums sollte sein, »dass sie sich des Zustandes und der Beschaffenheit Handels und Wandels roher Waaren und Manufacturen, so hinein als hinaus gehend, in den kaiserlichen Erblanden erkundigen, die Ursachen deren Auf- und Abnehmen gründlich erforschen, den Lauf und Veränderung des Preises und der Consumtion der Güter aufmerken und auf alle und jede so in- als ausländische Handels- und Handwerksleute der Compagnien und Zünfte ein wachendes Auge haben und inquiriren, damit die schädlichen Monopolia, Polypolia und Propolia abgeschafft und die Commercien Land und Leuten zum Besten in besseren Stand und Flor gesetzt und darin erhalten werden«.

Dieselbe Aufgabe war bereits vierzig Jahre früher einem in Frankreich creirten »Conseil de commerce« gestellt worden, dessen Einrichtung ohne Zweifel Becher als Muster vorgeschwebt hatte. Der eminent praktische Werth dieser Institution aber bestand darin, dass sie keineswegs nur aus Beamten, sondern vielmehr hauptsächlich aus Vertretern des Gewerbe- und Handelsstandes zusammengesetzt war. Als erster Präsident des Commercien-Collegiums fungirte der Hofkammerpräsident Georg Ludwig Graf Sinzendorf.

Man schritt sofort zur Verwirklichung des Programms. Nur wurde dabei leider zu einseitig verfahren. Sinzendorf missbrauchte seine Stellung, um als selbstthätiger Industrieller

---

[1]) Dr. Franz Martin Mayer. Die Anfänge des Handels und der Industrie in Oesterreich (Innsbruck 1882).

auf Staatskosten Geschäfte zu treiben. Er gründete mit Hilfe eines kaiserlichen Privilegiums eine »Seiden-Compagnie« zur Einführung der Seidenmanufactur und errichtete thatsächlich auf seinen Herrschaften in Niederösterreich zu Walpersdorf und Traismauer Seidenfabriken, in welchen »allerhand seidene Strümpfe und anderes Gestrickwerk« erzeugt werden sollten. Beide Unternehmungen waren von kurzer Lebensdauer und giengen wieder ein.

Dr. Becher aber war unerschöpflich in neuen Vorschlägen. Im Jahre 1668 erschien aus seiner fruchtbaren Feder eine ausführliche nationalökonomische Denkschrift: »Politischer Discurs von den eigentlichen Ursachen des Auf- und Abnehmens der Städte, Länder und Republiken, in specie wie ein Land volkreich und nahrhaft zu machen und in eine rechte Societatem civilem zu bringen« — sein später als »Commercientractat« vielgenanntes und wiederholt aufgelegtes cameralistisches Hauptwerk.

Mit vielem Verständnisse betrieb Becher die Hebung des Handels. Es »hilft einem Lande«, führte er aus, »wenn einige Güter in die Fremde geführt, allda versilbert und das Geld aus der Fremde ins Land gebracht wird, denn also wird ein Land geldreich und kommt Nahrung unter die Unterthanen; wo aber Geld und Nahrung leicht zu haben ist, da laufen von allen Orten Menschen hinzu, und also wird ein Land auch volk- und geldreich, welches denn der scopus oder maxima status aller Länder«.

Als besonders geeignet für die Ausfuhr aus Oesterreich bezeichnete er Leder, wollene und leinene Tücher, Safran, Kupfer, Quecksilber, Eisen und Stahl, vor Allem aber Wein. Und noch im Jahre 1671 wurde die erste Probe auf diese Behauptung durchgeführt.

Im selben Jahre (12. Januar) approbirte Leopold I. die von Becher entworfene, von der niederösterreichischen Regierung »eingerathene« Errichtung eines Zwangsarbeitshauses oder »Zuchthauses« in Wien, mit dem Versprechen, zur Fortsetzung dieses heilsamen Werkes einiges Subsidium zu leisten«. In dieses Zuchthaus sollten »nicht allein das herrenlose und starke Bettlergesinde, sondern auch die trutzigen Dienstboten männ- und weiblichen Geschlechts, desgleichen die unbändigen Handwerksburschen neben anderem schlimmen Gesindel, in specie aber die leichtfertigen Weibspersonen, wie auch derselben Kupplerinnen« gebracht, »dabei aber dahin gesehen werden, dass allein die Schuldigen, deren Unthat offenbar, und zwar bei Anfang dieses Werkes und noch nicht vorhandenen genugsamen Mitteln, mehrentheils solche Leute, welche mit ihrer Arbeit sich selbst gutentheils ernähren können, mit dieser Strafe belegt werden mögen«. Ueberhaupt sollen alle »in das Zuchthaus genommenen Leute zu allerhand Arbeit auf das Strengste angehalten« werden.[1])

Im nächstfolgenden Jahre kam auf Antrag der Stände Oberösterreichs ein »Manufacturhaus« zu Stande, das als förmliche Fabriksanlage für dieses Land eine nachhaltige Bedeutung gewinnen sollte. Mit kaiserlicher Entschliessung vom 11. März 1672 wurde dem Rathsbürger und Handelsmann in Linz, Christian Sind, das Privilegium zu Etablirung einer Fabrik verliehen »behufs Fabricirung der auf engel- und holländische Art gemachten feinen Tuche, Cronrasch, Scodi, Cadis, Scharschett und anderer ganzwollener Zeuge«. Bald war die Linzer Wollenzeugmanufactur eine Berühmtheit, nicht nur in Oberösterreich. Sie gieng mit Patent vom 14. Mai 1682 auf des Begründers Tochtermann, Matthias Kolb, über.

Schon 1674 (20. September) hatte Leopold I. zu fernerem Schutze der einheimischen Industrie ein »Warnungspatent« erlassen gegen die Einfuhr »aller und jeder französischer Waaren, sie mögen Namen haben, wie sie wollen«; die Warnung musste 1688 erneuert werden.

Wie weit bei alledem J. J. Becher betheiligt war, ist nicht sicherzustellen; wahrscheinlich stand der Urheber des Wiener Arbeitshauses auch hier nicht ferne. Das Arbeitshaus war aber nur die erste Stufe zu einem grösseren und

---

[1] Codex Austriacus, II, 545 ff.

ungleich höhergestellten Gebäude, das Becher vor Augen hatte. Wie das Zuchthaus dem Ueberflusse an arbeitsscheuen Individuen, so sollte ein zweites Unternehmen dem herrschenden Mangel an Arbeitsgelegenheit, zunächst in der volkreichsten, »nahrhaftesten« Gemeinde des Reiches, der Haupt- und Residenzstadt, abhelfen: das kaiserliche Kunst- und Werkhaus oder Manufacturhaus.[1]

Der Grund zu diesem Hause wurde zu Anfang des Jahres 1675 gelegt; im März des nächsten Jahres war es im Bau bereits nahezu vollendet. Es repräsentirte eine Lehrwerkstätte für alle heimischen Gewerbetreibenden, einen vollkommenen Fabriksbetrieb, d. h. einen Grossbetrieb mit ausreichendem Material, den vollendetsten Maschinen jener Zeit und den geübtesten Handwerkern, die im In- und Auslande zu finden waren. Das Kunst- und Werkhaus enthielt der Reihe nach ein grosses chemisches Laboratorium mit verschiedenen Destillir- und Schmelzöfen, eine Werkstatt zur Erzeugung von Majolicageschirr, eine Apotheke, eine Werkstätte zur Herstellung guter Hausgeräthe, eine Seidenmanufactur mit drei »Bandmühlen«, eine Wollmanufactur, sowie ausser dem »Häuslein zur Wohnung des Directors« nebst einem kleinen Laboratorium für »Präparation der Tinctur« und »Transmutation der Metalle« eine Art Hochofen, die Schellenbergische Schmelzhütte genannt, und eine venetianische Glashütte. Ein weitaussehendes, vielversprechendes Industrialwerk, wie es später nicht wieder erstehen sollte. Trotz vielseitiger, heftiger Anfeindung offener und geheimer Gegner stand Becher selbst zehn Jahre lang seiner Schöpfung vor, um sich sodann ins Ausland zu begeben, in Westdeutschland und Holland neue tüchtige Manufacturmeister eben für das Kunst- und Werkhaus anzuwerben.

Er kehrte nicht mehr zurück. Ein Jahr nach seinem Tode aber, während der furchtbaren zweiten Belagerung Wiens durch die Türken (1683), wurde mit dem grössten

---

[1] Dr. Hans J. Hatschek, Das Manufacturhaus auf dem Tabor in Wien (Leipzig 1886).

Theil der Stadt und ihrer Vorstädte auch das kaiserliche Kunst- und Werkhaus in der Leopoldstadt gänzlich niedergebrannt. Spätere Versuche eines Wiederaufbaues blieben erfolglos.

Nach Möglichkeit war Leopold I. bemüht, die Wunden zu heilen, die der »Erbfeind der Christenheit« seinen Ländern geschlagen hatte. »Und ist leider Jedermänniglich von selbst bekannt«, besagt ein Patent vom 12. Februar 1684, »wie dass durch den feindlichen türkischen Einfall das Land Oesterreich unter der Enns dermassen verwüstet und depopulirt worden, dass an der Mannschaft, sonderlich der Handwerker, . . . ein grosser Mangel bei der Stadt Wien und auf dem Lande erscheinen will; wie dann die meisten, so entweder von dem grausamen Erbfeind nicht niedergehauen oder in Dienstbarkeit hinweggeführt worden, nach und nach dahingestorben sind oder sich sonst auf eine Zeit verloffen haben, also dass bei künftiger Sommerszeit mit den Gebäuen schwer fortzukommen sein wird. . . . .« Dem Mangel abzuhelfen, wurden geeignete Massnahmen getroffen. Doch nur allmälig gieng der Wiederaufbau vorwärts, zumal mit dem Entsatze Wiens der Türkenkrieg keineswegs schon beendet war, gleichzeitig aber Frankreich und sein »allerchristlichster« König die Gelegenheit benützten, Deutschland wieder unter den nichtigsten Vorwänden räuberisch in den Rücken zu fallen.

Man muss die ganze Grösse der herrschenden Drangsal und Gefahr sich vor Augen führen, um zu ermessen, welcher immense Muth der Ueberzeugung und welcher glühende Patriotismus dazu gehörte, unter solchen trostlosen Verhältnissen das Wort zu finden und der Welt zu verkünden, das schöne, seither unzählige Male wiederholte Kampf- und Trostwort: »Oesterreich über Alles — wenn es nur will!«

Unter diesem Titel liess Philipp Wilhelm von Hörnigk, vormals Geheimer Rath und Gesandter des Cardinalbischofs von Passau, im Jahre 1684 ein Buch erscheinen, von welchem hundert Jahre später berufenerseits behauptet werden konnte, »dass Oesterreich den grössten Theil seines heutigen Wohlstandes diesem Buche zu danken hat — denn es machte bei seiner Erscheinung so viel Aufsehens, wurde so oft aufgelegt, so begierig gelesen und enthält so kenntnisvolle Anleitungen, dass derselben Ausführungen eine natürliche Folge war«.[1]

Bei aller Bedeutung des Buches selbst erscheint aber an ihm wohl am bedeutsamsten für uns eine Bezeichnung, die im gleichen Sinne bis dahin nie und nirgends gebraucht worden war — die Bezeichnung »Oesterreichs« als eines Staatsganzen. »Durch vorangesetztes mein Oesterreich«, erklärte Hörnigk,[2] »verstehe ich nicht blosser Dinge das weltbelobte, zu beiden Seiten des Donaustromes erstreckte Erzherzogthum dieses Namens, sondern anbei **alle und jede des deutschen österreichischen Erzhauses, es sei in- oder ausserhalb des Römischen Reiches gelegenen Erbkönigreiche und Länder, demnach Ungarn mit darunter begriffen.**« In dem Augenblicke, in dem man daran gieng, das industrielle Leben in den habsburgischen Ländern zu wecken, sie durch Industrie und Handel mächtig und nach dem Beispiele Frankreichs zu einem Einheitsstaate zu machen, fasste die Publicistik diese Länder auch schon zu einem Ganzen zusammen, »gleichsam wie ein einiger natürlicher Leib« nur einem einzigen Oberhaupte unterthan....[3] **Gesammt-Oesterreich erhielt seine Taufe von dem industriellen Gedanken; er gab ihm den Namen.**

---

[1] Benedict Franz Hermann, Herrn Johann von Hornek's Bemerkungen über die österreichische Staatsökonomie o. O. 1784). — Vgl. H. J. Bidermann, Die technische Bildung im Kaiserthume Oesterreich (Wien 1854), S. 22 f.

[2] »Oesterreich über Alles, wann es nur will; Das ist: Wohlmeynender Fürschlag, Wie mittelst einer wolbestellten Landes-Oeconomie die Kayserl. Königl. Erb-Lande in kurzem über alle andere Staaten von Europa zu erheben, und mehr als einiger derselben von denen andern independent zu machen. Durch einen Liebhaber der Kayserlichen Erbland Wohlfahrt. Gedruckt im Jahr Christi 1685«. S. 2.

[3] F. M. Mayer. a. a. O. S. 16.

Hörnigk, ein Schwager Becher's, war aus dessen Schule hervorgegangen. Er predigte den nackten Mercantilismus wie dieser. Seine »Grundregeln einer allgemeinen Landes-Oekonomie« boten an sich nichts Neues. Mit solchem Freimuth und Wohlwollen zugleich hatte aber noch Keiner die staatswirthschaftlichen Zustände Oesterreichs dargelegt, in solcher Bündigkeit und Klarheit noch Keiner die geheischten Verbesserungsmittel auseinandergesetzt. Den Kern seines industriellen Schutzsystems fasst er in die Worte zusammen: »... Denn besser wäre, es komme auch einem Uebelberichteten so seltsam vor, als es wolle, für eine Waare zwei Thaler geben, die im Lande bleiben, als nur einen, der aber hinausgeht.«

Von allen Zeitgenossen wird bezeugt, dass Hörnigk's Buch auf die nun folgenden Entschliessungen Leopolds I. von massgebendem Einflusse wurde. Die Zahl kaiserlicher Verordnungen gewerbe- und handelspolitischer Natur, aller im Geiste Hörnigk's, wuchs von Jahr zu Jahr. Ebenso aber stieg gegen Ausgang des Jahrhunderts die Zahl der »Niederlags-Verwandten« und der »hofbefreiten Handelsleute« namentlich in Wien und mit der Zahl auch deren Ansehen und Bedeutung, dass dort bald wieder von einer gewissen Wohlhabenheit gesprochen werden konnte.

Die Einsetzung von »Cameral-Deputationen« nach dem Muster des seither aufgelösten Commercien-Collegiums trug auch in den Provinzen, obschon nur vorübergehend, zu einem mässigen industriellen und mercantilen Aufschwunge bei; so in Böhmen, Mähren, Schlesien, Oberösterreich und Steiermark. Gegen den Willen Hörnigk's fand unter seinen Augen die Verarbeitung der Baumwolle, die nach seinen Worten »nun so viel Wesens in Europa macht«, immer mehr Ausbreitung, zunächst in den böhmischen Leinenbezirken, im Riesengebirge, bald aber auch auf dem flachen Lande. In aller Stille vollzog sich im böhmischen Niederlande (in Kreibitz, Blottendorf, Steinschönau u. s. w.) durch den Zusammenschluss der dortigen Glasarbeiter in »Compagnien« und sonstige Vereinigungen eine Reform des Glashandels, dass sich derselbe über Norddeutschland, Polen und Russland, ebenso aber auch nach Holland, Italien, Ungarn und Siebenbürgen ausdehnte.¹) Durch den Abt Benedict Litwerich entstand (1691) in Ossegg die erste Wollenzeugfabrik in Böhmen, die noch heute besteht. Durch denselben Priester wurde in der Gegend von Ossegg, Dux, Oberleutensdorf u. s. w. die Strumpfwirkerei eingeführt, die nach kurzer Zeit auch in Kamnitz und Bensen heimisch wurde. In Bensen aber gründete die Familie Ossendorf eine der nachmals renommirtesten Papiermühlen, nachdem Christof Weiss (1667) eine Fabrik dieser Art in Hohenelbe angelegt hatte. Eine von Leopold I. für Neuhaus in Niederösterreich privilegirte venetianische Spiegelfabrik trat erst nach seinem Tode ins Leben. In Schlesien aber, dem alten Sitze des Leinenhandels, insbesondere von Jauer und Greiffenberg aus, entwickelte sich zu seiner Zeit bereits ein umfangreicher Veredlungsverkehr mit Böhmen und der Lausitz, von wo die rohen Leinen zollfrei eingeführt wurden, um nach vollendeter Appretur in den schlesischen Bleichen und Färbereien ebenso frei wieder ausgeführt zu werden. Die Anlage des »Neuen Grabens«, des später sogenannten Friedrich Wilhelm-Canals (1668), hatte den grössten Vortheil für den schlesischen Handelsverkehr mit Hamburg und von dort mit Holland, England, Spanien und Portugal. Man rühmt in Schlesien noch jetzt gebührend die »sehr verdienstliche wirthschafts-politische Thätigkeit« Kaiser Leopolds I. und seines Rathes J. J. Becher.²)

Ein grosses Hindernis stand der rascheren Entwickelung dieser vielverheissenden Anfänge allerorten entgegen: die Erbsünde der Gegenreformation, die von der hartnäckig festgehaltenen religiösen Unduldsamkeit der leitenden Kreise untrennbare geistige Absperrung Oesterreichs vom »unkatholischen« Ausland.

¹) Dr. Edmund Schebek, Böhmens Glasindustrie und Glashandel. Quellen zu ihrer Geschichte (Prag 1878).
²) A. Zimmermann, a. a. O. 12 f. — Vgl Hermann Fechner, Die handelspolitischen Beziehungen Preussens zu Oesterreich (Berlin 1886, S. 3 f.

er langwierige spanische Erbfolgekrieg und die gleichzeitigen kriegerischen Unruhen in Ungarn unterbrachen nach Leopolds Tode neuerdings das Wachsthum der sich regenden wirthschaftlichen Keime empfindlichst. Handel und Wandel lagen wieder gänzlich darnieder. Von allen Unternehmungen Wiens, wird versichert, hatte damals keine auch nur annähernd einen so lebhaften Zuspruch aufzuweisen, wie das dort im Jahre 1707 errichtete kaiserliche — Versatzamt.

Den groben Missbräuchen, die in allen Zünften und Zechen der Handwerker eingerissen waren, einen Dämpfer aufzusetzen, wurde für sämmtliche Erbländer die beachtenswerthe Verfügung getroffen (1. October 1708), dass künftighin dem Regenten allein das Recht zustehen solle, Zechen und Zünfte einzuführen, ihnen Privilegien zu verleihen u. s. w. Die Zahl der Zünfte sollte von nun an nicht vermehrt werden. Von eigentlichen Fabriken entstand in Wien im Laufe zweier Jahrzehnte nur eine solche zur Erzeugung von Oel aus Traubenkernen (1709). Dagegen gründete Johann B. Fremmrich, einer der tüchtigsten Wollindustriellen seiner Zeit, 1710 mit Hilfe des Grafen Adolf Bernhard Martinitz im Städtchen Planitz in Böhmen eine grössere, besteingerichtete Tuchfabrik, die erste im Lande. Ihr folgte durch denselben Unternehmer ein gleiches Etablissement in Leipa, schon 1715 aber ein solches zu Oberleutensdorf, welches, von dem Grafen Johann Joseph Waldstein materiell genügend ausgestattet, sich durch Menschenalter einen namhaften Ruf zu erhalten wusste. Eine von der Kärntner Landschaft in Klagenfurt etablirte Tuchfabrik musste nach kurzem Bestande wieder aufgelassen werden.

Je unfruchtbarer die Regierungszeit Josephs I. in industrieller Hinsicht genannt werden muss, desto erfreulicher

KAISER KARL VI.

gestalteten sich diese Verhältnisse unter Kaiser Karl VI. Von ihm datirt die Industriegeschichte Oesterreichs mit gutem Grund eine neue Epoche. Wie Keiner vor ihm war aber Karl VI. von der Ueberzeugung durchdrungen, die Industrie des Reiches am ausgiebigsten und nachhaltigsten zu unterstützen und zu fördern durch Unterstützung und Förderung des vaterländischen Handels.

Der Friede von Rastatt hatte die österreichischen Erbländer um die Gebiete von Neapel, Mailand, Sardinien, die Niederlande und etliche Häfen an der toscanischen Küste bereichert. Die Grenzen »Oesterreichs« umspülte auf Hunderte von Meilen das Meer. Der Gedanke lag nahe, diesen Vortheil auszunützen; und Karl VI. hatte die Energie, ihn zu nützen. Seit 1716 beschäftigte die Wiener Hofkammer in Verbindung mit der Hofkanzlei, deren Sitzungen auch der Präsident des Hofkriegsrathes — ein Prinz Eugen von Savoyen — beiwohnte, ununterbrochen die ihr vom Kaiser vorgelegte Frage, auf welche Weise »zu Einricht-, Beförder- und Vermehrung des Commercii« den österreichischen Unterthanen eine ungehinderte Schiffahrt und mit ihr ein freier Handel, hauptsächlich aber »die Stabilirung der gesicherten freien Navigation und Schiffahrt durch das Adriaticum« verschafft werden könnte. Die erste Frucht dieser Berathungen war das denkwürdige kaiserliche Patent vom 2. Juni 1717, ein »Generale«, kraft dessen »jedem in- und ausländischen Handelsmanne der Handel nach den innerösterreichischen Meerporten zu Land und zu Wasser auf dem adriatischen Meere unter Zusicherung des kaiserlichen Schutzes gestattet« und Handelsleute durch Ertheilung von Privilegien, wie auch Beischaffung anderer Erfordernisse »angelockt und invitirt« werden sollten. Jeden den Schiffen seiner Unterthanen zugefügten »Torto und Schaden« erklärte der Kaiser so ahnden zu wollen, als ob er einer seiner Provinzen selbst widerfahren wäre. »Die Adria war frei! [1]

---

[1] Ernst Becher, Die österreichische Seeverwaltung 1850—1875 (Triest 1875), S. 43 f.

Die glückliche Beendigung des Türkenkrieges krönte der Friede zu Passarowitz, dem am 27. Juli 1718 ein neuer Handelsvertrag auf dem Fusse folgte, der den Unterthanen Oesterreichs und der Türkei gleichfalls den freien Handel zu Wasser und zu Land garantirte. Nie wieder sollte Oesterreich einen so günstigen Vertrag mit der Pforte schliessen. Man kann der Regierung Karls VI. das Zeugnis nicht versagen, dass sie verstand, aus den gebotenen Verhältnissen im Geiste ihrer Zeit die Consequenzen zu ziehen. Zwei grosse Leistungen charakterisiren sie: die Schaffung der Freihäfen Triest und Fiume und der Orientalischen oder Levantinischen Compagnie. Beide stehen in engster Verbindung.

Ein kaiserliches Patent vom 18. März 1719 sicherte allen Kaufleuten, Schiffseignern und Manufacturisten, die sich in den innerösterreichischen Ländern niederzulassen gewillt sind, den freien Betrieb des Handels und der Industrie zu. Triest und Fiume wurden zu Freihäfen erklärt, in welchen fremde Kaufleute die Waaren, die in den Erbländern bisher nur aus zweiter oder dritter Hand zu kaufen waren, aus erster Hand erwerben konnten. Allen Kaufleuten solle gestattet sein, in diesen Häfen ein- und auszulaufen, zu kaufen und zu verkaufen, wogegen sie nur von den thatsächlich veräusserten Waaren ein halbes Procent Consulats- und Admiralitätsgebühr zu entrichten hätten; sie dürfen Grundstücke erwerben, Häuser errichten und geniessen volle Real- und Personalfreiheit. Die Errichtung von Contumazanstalten, Magazinen, Banken und Wechselgerichten wurde in Aussicht gestellt.[1] Ein reges Leben erwachte in den neuen Emporien, das die frühere Alleinbeherrscherin der Adria, Venedig, mit scheelen Blicken verfolgte. Es gewann allen Anschein, als sollten Triest und Fiume die beiden Brennpunkte der commerciellen Zukunft Oesterreichs werden — ohne die Centrale Wien zu schädigen: im Gegentheil.

Für das Centrum wurde zugleich gesorgt durch Gründung der kaiserlich privilegirten Orientalischen Compagnie

---

[1] Ernst Becher. a. a. O. S. 45 f.

in Wien, einer für jene Zeit zweifellos grossartigen Gesellschaft, die mit Patent vom 27. Mai 1719 die Allerhöchste Genehmigung erlangte. Sie sollte vorerst zu Land mit allen Kaufmannsgütern, ausgenommen Contrebande, auf der Donau aber ausschliesslich »privatim« nach der Türkei und von dorther Handel treiben dürfen, doch nur »all' ingrosso«, während andere Unterthanen Waaren aus den Niederlagen der Compagnie um baares Geld beziehen können. Die Gesellschaft darf in Wien, Belgrad oder wo immer sie es für gut findet, Niederlagen, Magazine, Packhäuser und Krahne errichten und auf den Flüssen Marktschiffe halten, die jedoch auch andere Private gegen Entgelt benützen dürfen. Sie geniesst das Recht des Verkaufes und hat das alleinige Privilegium, neue, in den kaiserlichen Ländern noch nicht bestehende Manufacturen und Fabriken aufzurichten, die darin erzeugten Waaren zu verschleissen u. s. w. Der Kaiser selbst erklärt sich als den »supremus protector« der Gesellschaft und verspricht, deren Privilegien allerorten Respect zu verschaffen und dieselben bei ihrer Prosperität noch zu vermehren. Unterm 29. December 1719 sanctionirte Karl VI. die innere Organisation der Compagnie.[1]

Dabei liess es der Kaiser nicht bewenden. Ein Privilegium genügte nicht; es zu verwerthen, mussten dem Privilegirten buchstäblich erst »die Wege geebnet« werden. Die Communicationen, vorzüglich aber die Strassen, liessen in Oesterreich noch unendlich viel, ja Alles zu wünschen übrig. Mit Triest und Fiume bestand für Wien so viel wie keine gangbare und gefahrlose Verbindung. Karl VI. baute neue Strassen über den Semmering, den Loibl und andere bisher unwegsame Gebirge, so insbesondere die grosse »Karolinerstrasse«. Den Verkehr mit Ungarn von der See aus zu heben, legte er den Hafen Portorè an, womit er auch politische Absichten zu erreichen hoffte.[2]

[1] F. M. Mayer, a. a. O. S. 36 f.
[2] J. M. Schweighofer, Abhandlung von dem Commerz der österreichischen Staaten (Wien 1785), S. 306.

Daher gehört auch die vielfach hocherspriessliche Thätigkeit Karls VI. auf dem Gebiete des Mauth- und Zollwesens, auf dem bislang ein völliges Chaos geherrscht hatte. Auf den Rheden von Triest und Fiume wurde der Bau von Handelsschiffen, in Portoré sogar der von Kriegsschiffen eifrig betrieben. Schon 1719 eröffnete die Orientalische Compagnie zwei Magazine für »deutsche Waaren«, in Constantinopel und Belgrad. Gleichzeitig wurde das erste Schiff, das die Gesellschaft auf eigene Rechnung baute — »Il Primogenito« — vom Stapel gelassen. Mit diesem und drei anderen Schiffen begann sie 1720 ihre Handelsthätigkeit zur See, nachdem sie in Fiume, Triest und Messina Comptoirs angelegt hatte. Der Levantehandel erreichte bereits seine frühere Bedeutung. Wien wurde der Stapelplatz des mitteleuropäischen Baumwollhandels. Die sächsischen Landesversammlungen der Jahre 1722, 1728 u. s. w. remonstrirten dagegen, dass die Wirkereien und Webereien des Landes »ihre Baumwolle von Wien beziehen«.

Doch nicht auf einzelne Punkte war die Aufmerksamkeit des Kaisers gerichtet; er hatte das Ganze im Auge. Ihm dankt die erste Porzellanfabrik Oesterreichs in Wien ihre Entstehung, die 1718 mit einem fünfundzwanzigjährigen Privilegium versehen wurde und berufen war, durch ein Jahrhundert und darüber hinaus für unsere keramische Industrie als Musteranstalt zu wirken.[1]) Gleichfalls im Jahre 1718 erschien ein neuer (protectionistischer) Zolltarif für Schlesien, der aber in Breslau mannigfache Klagen hervorrief. Schon im nächstfolgenden Jahre wurde Abhilfe zu schaffen gesucht, und bereits 1721 traten Ermässigungen des Tarifs ein, bis nach eingehenden, sorgfältigen Untersuchungen über die Bedürfnisse Schlesiens 1739 für dieses Land abermals ein Zolltarif erschien, der demselben im Vergleiche mit den anderen Provinzen grosse Begünstigungen einräumte, so zwar, dass letztere nach mehr

---

[1]) Prof. Dr. Ottokar Weber, Die Entstehung der Porzellan- und Steingut-Industrie in Böhmen (Prag 1894). S. 7.

als einer Richtung in eine gewisse Abhängigkeit von
Schlesien geriethen, namentlich Böhmen, dessen Textil-Industrie, und zwar schon nicht mehr blos für Leinen, sondern
auch für Tuche, Halb- und Baumwollstoffe, Strümpfe und
Hüte, die Dienste Schlesiens stark in Anspruch nahm.
Schlesien wurde für Böhmen, und bald nicht für Böhmen
allein, sozusagen der Grosshändler. Der Kaiser bewirkte,
dass Russland verstattete, den dreizehnten Theil seiner
Handelswaaren nach Schlesien auszuführen; der Export
schlesischer Leinen nach England wurde schwunghaft betrieben, so dass er unter Karl VI. seinen Höhepunkt erreichte; die Tuchindustrie des Landes aber vermehrte in
den Jahren 1720—1735 ihre Production von 59.000 auf
95 700 Stück.[1]) Die »General-Zunftsartikel« für die
»böhmischen Provinzen« vom 30. November 1731 stellten,
so wie diejenigen für Ober- und Niederösterreich und Tirol,
dann die für Innerösterreich vom 19. April beziehungsweise
21. Juni 1732[2]) in den Handwerken aller dieser Länder
grössere Ordnung her und trugen zugleich bei, die Freizügigkeit der einzelnen Gewerbetreibenden mehr und mehr
zu fördern. In Triest wurde im Jahre 1731 eine oberste
Commerz-Intendanz bestellt, welcher sämmtliche auf den
Handel bezügliche Angelegenheiten, die sonst stets als
landesherrliche Reservate betrachtet worden waren, zugewiesen wurden.[3])

Unausgesetzt war Karl VI. bei alledem auf die weitere
Ausgestaltung seiner Lieblingsschöpfung, der Orientalischen
Compagnie, bedacht. Welche weitgehende, vordem nicht
geträumte Perspective sich für sie eröffnete, ergibt sich aus
der wenig bekannten Thatsache, dass Karl VI. allen Ernstes
an die Verfolgung einer Colonialpolitik, ganz nach unseren

[1] Adolf Beer, Die handelspolitischen Beziehungen Oesterreichs
zu den deutschen Staaten unter Maria Theresia (Wien 1893), S. 3 f.
Vgl. H. Fechner, a. a. O. S. 5 f.
[2] W. Gustav Kopetz, Allgemeine österreichische Gewerbs-Gesetzkunde (Wien 1829), I, S. 15 f.
[3] Ernst Becher, a. a. O. S. 24.

heutigen Begriffen, dachte und nicht blos dachte. Mit seinem Zuthun ergriff für ihn, als Kaiser, Capitain de la Merveille, ein Franzose in belgischen Diensten, am 23. August 1719 Besitz von dem Hafen von Coblon (Sadatpatnam) an der Küste von Coromandel, fünf Meilen von Madras, nachdem die Abtretung des Hafens durch den Nabob oder Vicekönig des Grossmoguls erfolgt war, unter ausdrücklicher Zusicherung, zur Gründung anderer Factoreien in jenem Lande seine Unterstützung gewähren zu wollen.[1]) Jede Bedingung schien geboten, Oesterreich im Verein mit den Niederlanden den ersten Handelsstaaten der Welt an die Seite zu stellen.

Am 20. Mai 1722 erhielt die Orientalische Compagnie zu den bisherigen vier neue Privilegien. Der Gesellschaft wurde der Bau von Schiffen in der Länge von mehr als sechzig Fuss sowohl in Triest und Fiume als auch in Buccari gestattet; ebenso die Erzeugung aller zum Schiffsbetrieb erforderlichen Gegenstände, wie Tauwerk, Segeltuch, Theer, Anker, ja selbst eiserner Kanonen. Damit war die seit Langem in Oesterreich unerhörte Erlaubnis verbunden, »Meister, Künstler und Handwerker« — auch protestantische — aus Holland, Schweden, Hamburg u. s. w. herbeizuziehen. Der Compagnie wurde ferner die Errichtung einer Zuckerraffinerie in einem beliebigen österreichischen Hafen gestattet, mit dem Bedeuten, dass falls diese Fabrik zur Blüthe käme, die Einfuhr fremdländischen raffinirten Zuckers nur mehr mit Zustimmung der Gesellschaft bewilligt werden solle. Aehnlich lautete ein Privilegium auf Fabrication von Kupfergeschirren. Wie nach der Levante sollte aber die Orientalische Compagnie künftig mit Producten und Manufacturen der Erbstaaten auch nach Portugal und den westlichen Ländern Handel treiben dürfen.

Im Laufe weniger Jahre schritt sohin die Gesellschaft zur Etablirung einer ganzen Reihe, zum Theil ausgedehnter Industrialwerke. Sie errichtete in Fiume eine

---

[1] Alfred R. v. Arneth, Prinz Eugen von Savoyen (Wien 1864), III, 129 f.

Kerzen- und eine Tau- und Strickfabrik, sowie später eine Zuckerraffinerie. Am 30. November 1722 erwarb die Compagnie mit kaiserlichem Consens die Linzer Zeugfabrik um den Preis von 240.000 Gulden, die sie ratenweise abzahlte. Zur selben Zeit entstand in Böhmen, in Grottau, auf Betreiben Elias Kessler's, genannt Sprengseisen, eine Fabrik für »Tuche, Zeuge, Strümpfe und Canevas«, letztere »aus gesponnener Baumwolle«, dergleichen nach Aussage des böhmischen Commerz-Collegiums »im Königreiche Böhmen bisher nicht gewesen«. Ihr wurde das nachgesuchte Privilegium ertheilt. Das hinderte die Wiener Compagnie aber nicht, im Jahre 1723 mit der Anlage eines gleichartigen Fabriksunternehmens in Schwechat vorzugehen. Nachdem der Bau bereits beinahe vollendet war, stellte sie im September 1724 bei der Regierung das Ersuchen um ein Privilegium auf die Erzeugung von Baumwollwaaren für die Dauer von zwanzig Jahren. Die Verhandlungen zogen sich in die Länge. Endlich am 8. Januar 1726 erfolgte die Verleihung des gewünschten Privilegiums, zunächst für fünfzehn Jahre.

Noch in demselben Jahre begann die Arbeit der neuen, weitläufigen »Zitz- und Cottonfabrik« zu Schwechat, mit der, wie schon ihre Bezeichnung sagt, auch eine Färberei und Druckerei verbunden war. Die Grottauer »Canevasfabrik« gieng ein. Trotz Privilegiums erfuhr aber auch die Schwechater Neugründung bald grossen Eintrag, als in ihrer nächsten Nähe, in Pottendorf, Trumau und nicht weit davon, doch schon auf ungarischem Boden, in Sassin (1736) Concurrenzunternehmungen erstanden.

Das Beispiel der Gesellschaft regte auch anderwärts an. Die innerösterreichische Commercien-Commission in Graz legte der Kammer bereits 1721 verschiedene Pläne zur Hebung der Industrie und des Handels vor. Es handelte sich um die Errichtung einer Societät, deren Aufgabe es sein sollte, den Fabrikanten Geld vorzustrecken; ferner um eine Fabrik seidener Strümpfe, eine Leinwand- und eine »weissirdene Geschirr-Fabrik«, endlich eine Tuchfabrik in der Karlau bei Graz.[1]) Alle diese Projecte aber waren nicht vom Glück begünstigt; ebenso wenig der Plan der beiden Unternehmer Reigersfeld und Mühlbacher, eine Tuchfabrik in Laibach aufzurichten.

Wie in Wien, war Karl VI. auch in Ostende zur Schaffung einer grossen Handelsgesellschaft geschritten, die als ›Ostindische Compagnie‹ mit dem Rechte, Handel nach Ost- und Westindien, sowie nach der ostafrikanischen Küste zu treiben, aller Eifersucht der Seemächte ungachtet, zur Durchführung gelangte. Politische Verhältnisse zwangen jedoch den Kaiser bereits 1727 das Privilegium dieser Gesellschaft zu suspendiren, 1731 aber gänzlich aufzuheben. Die Fragmente einer Kriegsflotte, die man zum Schutze des überseeischen Handels, wie erwähnt, zu Portorè zu bauen begonnen hatte, wurden 1736 an Venedig verkauft.[2]) Der Traum eines Colonialbesitzes aber war, wie wir noch sehen werden, darum nicht ausgeträumt.

Mehr als äussere widrige Umstände hemmten innere Calamitäten die weiteren Fortschritte auch der Orientalischen Compagnie. Die specifisch Wiener Kaufleute hatten sich nie für sie begeistern können, sondern ihr vielmehr von vornherein grosses Misstrauen entgegengebracht und waren die Hauptgegner der einheimischen Fabriken überhaupt, sowie jener der Compagnie insbesondere. Bevor noch Karl VI. die Augen schloss, begann auch schon der Verfall der Orientalischen Compagnie. Sie musste die meisten Fabriksanlagen wieder auflassen; im Jahre 1740 gieng die von Schwechat in das Eigenthum des Wiener Handelsstandes über. Seitdem war die Thätigkeit der Gesellschaft ein allmäliges Absterben.

Der Ruhm ihres ›obersten Protectors‹ bleibt dennoch ungetrübt, der unleugbare Ruhm, eine handelspolitische Organisation nicht blos versucht, sondern in Wirklichkeit auch ins Leben gerufen zu haben, wie sie ähnlich nur die westeuropäischen Grossstaaten aufzuweisen hatten. Die schwerste

[1]) F. M. Mayer, a. a. O. S. 63 f.
[2]) Ernst Becher, a. a. O. S. 24 f.

Schuld an ihrem Niedergange traf, wie gesagt, die Kaufmannschaft der Reichshauptstadt, deren Speculationsgeist allerdings »keinen hohen Flug« nahm. »Kaum irgend einmal«, erklärt mit Recht der verdienstvolle Geschichtschreiber jener Gesellschaft,[1] »war die Zeit so günstig, den Markt im Orient zu gewinnen, und niemals hat sich die Vernachlässigung der Industrie und des Handels so gerächt wie damals, als alle Bemühungen der Regierung, das Versäumte nachzuholen, nahezu fruchtlos blieben.«

[1] F. M. Mayer, a a. O. S. 38.

ir haben gesehen, welche hohe Bedeutung unter Karl VI. das Land **Schlesien** erlangt hatte, so zwar, dass es thatsächlich in gewerblicher und noch mehr in mercantiler Hinsicht als die fortgeschrittenste und darum auch ergiebigste und blühendste Provinz Oesterreichs, ja selbst als eines der wichtigsten europäischen Handels- und Industriegebiete gelten konnte, hiedurch aber selbst Böhmen in den Schatten zu stellen drohte. Man schätzte die Ausfuhr Schlesiens im letzten Regierungsjahre Karls VI. auf acht Millionen Thaler.

Der erste grosse Verlust, den Maria Theresia, die Erbin Karls, im österreichischen Erbfolgekriege zu erleiden hatte, war der des grössten und bevölkertsten Theiles von Schlesien. Man kann nach den früheren Andeutungen ermessen, welchen Rückschlag dieser Verlust auf Handel und Gewerbe Oesterreichs, insbesondere aber Böhmens, ausübte. In den Traditionen ihres Vaters erzogen, hatte Maria Theresia von Anfang an ihr ganzes Augenmerk auf »Verbesserung des inländischen Nahrungsstandes und Verbreitung der Manufacturen und des treibenden Commerzes« gerichtet. Ihr musste der Verlust eines ihrer industriellsten Länder unverwindlich erscheinen. »Ersatz für Schlesien« war ihr erstes und letztes Dichten und Trachten. — Dieser Ersatz aber sollte — ohne Anwendung von Waffengewalt, im Wege heilsamer, wirthschaftlicher Reformen — in Böhmen gefunden werden. Von allen Kronländern war Böhmen ausersehen, im Wirthschaftsleben der Monarchie den Platz einzunehmen, den bisher Schlesien errungen hatte.

Eine der wichtigsten Neuerungen der Kaiserin auf dem Gebiete der Verwaltung war die Errichtung eines Universal-

KAISERIN MARIA THERESIA

Commerz-Directoriums (1746) für das ganze Reich, Ungarn mit eingeschlossen, an dessen Spitze Graf Philipp Kinsky gestellt wurde. Im engsten Zusammenhange damit stand die Activirung abgesonderter Commercien Consesse in den einzelnen Kronländern. Der erste Präsident des böhmischen Commercien-Consesses war Karl Friedrich Graf Hatzfeld, der spätere Staatsminister. Hatzfeld zur Seite stand ein theoretisch hochgebildeter Mann, Repräsentationsrath von Seyferth. Beiden fiel zunächst die Aufgabe zu, die dargelegte Absicht der Kaiserin in Bezug auf Böhmen durchzuführen. Immer und überall kommt es bei Erreichung grosser Ziele darauf an, hiefür die rechten Männer zu wählen. Maria Theresia verstand es, sie zu finden.

Als Seyferth starb, trat Otto Ludwig von Loscani an dessen Stelle; man konnte eine bessere Wahl nicht treffen. Nachdem schon Ersterer zur Hebung der Flachscultur und Leinen- und Seidenmanufactur die besten Anstalten getroffen hatte, nahm Letzterer die commerzielle Reorganisation des Landes in ihrem ganzen Umfange auf. Es ist hier nicht der Raum für alle Einzelheiten. Genug: im Laufe kaum dreier Jahre geschah in Böhmen sowohl für den Leinenhandel als auch für das Wollen- und Baumwollgewerbe, die Glasraffinerie und zahlreiche andere Gewerbszweige ungleich mehr als sonst in Jahrzehnten. Am 30. August 1754 konnte Graf Rudolf Chotek, der damalige Präsident der Ministerial-Banco-Hofdeputation und des Universal-Commerz-Directoriums, in seinem Schlosse Weltrus der Kaiserin auf Veranstaltung Loscani's in einer ersten, ansehnlichen Gewerbe-Ausstellung durchwegs böhmischer Industrialproducte ein Bild gewerblicher Leistungsfähigkeit vorführen, wie es damals kein zweites Kronland aufzuweisen vermocht hätte. Maria Theresia bezeugte ihre volle Zufriedenheit.

Durch die Ausstellung in Weltrus wurde der erste Anstoss gegeben zur Etablirung grösserer Leinenhandlungen in Trautenau, Arnau und Rumburg. Noch 1754 constituirte sich in der erstgenannten Stadt, dem heutigen Centrum der österreichischen Leinenspinnerei, ein von der Kaiserin privilegirtes »Gebirgs-Handlungs-Collegium«. Die Rumburger Weben« aber eroberten sich sehr bald einen grossen Ruf auf dem Weltmarkte. Später entstand eine zweite »privilegirte Handlungscompagnie«, und zwar vorwiegend »zur Pflege des spanischen Leinwandhandels«; Sitz der Gesellschaft war Neuschloss bei Arnau. Kurz vorher hatte Loscani die Baumwoll- und Leinenweber in Warnsdorf und Georgswalde zur Errichtung eigener Zünfte vermocht und dadurch den Grund gelegt zu der dort von nun an sich entfaltenden eigenartigen Gewerbsthätigkeit. Ebenso wusste er sich in den Besitz des Geheimnisses der »schlesischen Appretirungsart« zu setzen und dasselbe denen mit Bleichen Versehenen im Geheimen und per privatas zu eröffnen«. Eine directe Folge davon war die Errichtung einer grossen Anzahl »Commercialbleichen« in den verschiedensten Gegenden des Landes, insbesondere in Schönlinde. Eine im Jahre 1755 erlassene »Schleierordnung« gab eine genaue Anleitung zum Betriebe auch des schwierigsten, doch ungleich lohnendsten Zweiges der Leinenweberei, der Erzeugung von Battisten, Schleiern u. dgl., die seither in Böhmen heimisch wurde. Eine »Papierordnung« desselben Jahres förderte ebenso diesen ansehnlichen Industriezweig, besonders in Böhmen, wo man bald mehr als 90 grössere und kleinere Papiermühlen zählte, von denen die in Trautenau, Hohenelbe, Bensen und Prag die beste Waare lieferten.

Schon 1753 war in Prag neben dem Commercien-Consesse ein besonderes Manufactur-Collegium angeordnet worden. Beide Körperschaften wurden 1757 zu einem »Consessus in commercialibus et manufacturisticis« vereinigt, als dessen erster Präsident Graf Franz Josef Pachta fungirte, dessen vornehmste Mitglieder aber die Grafen Sinzendorf und Chamaré und Otto Ludwig von Loscani waren. Leider starb Loscani noch im Jahre 1757. Die durchgreifendste Wirksamkeit entfaltete der »Consessus« unter dem Nachfolger Pachta's, dem hochverdienten Grafen

Joseph Maximilian Kinsky, vormals Oberamtsrath, dann Commerzienrath im Herzogthum Ober- und Niederschlesien, Geheimrath u. s. w., einem schwärmerischen Anhänger der wirthschaftlichen Ideen Maria Theresias, zugleich ausübenden Industriellen. Doch nicht Böhmen allein erfreute sich der Fürsorge der Kaiserin. Die Tochter eines Karl VI. hatte die Grenzen ihrer Thätigkeit weiter gezogen. Bereits mit der Resolution vom 9. Jänner 1745 bestätigte sie die städtischen Privilegien von Triest, »wie es das wahre Aufnehmen der Stadt und eines Porto franco erfordert«; ebenso wurden dieser Stadt neue Begünstigungen ertheilt. Einem eigenen Hafencapitanat wurde die unmittelbare Beaufsichtigung des Hafens anvertraut. Die Küstenorte wurden in einer besonderen Küstenprovinz vereinigt und der Obersten Commerzintentanz in Triest die Vollmachten einer Provinzialbehörde übertragen. Vornehmlich um Triests willen wurden in den Jahren 1748 und 1749 Friedens- und Handelsverträge mit Tunis, Tripolis und Algier geschlossen.[1])

Gleichfalls im Jahre 1749 wurden Tucharbeiter aus Verviers nach Iglau berufen, die dortige, wie früher erwähnt, herabgekommene Tucherzeugung durch »niederländische Manufactursart« wieder zu heben. Es sollten feinere Tuche als bisher in Oesterreich eingeführt werden. Unter den Eingewanderten that sich Bailloux besonders hervor; allein Zwistigkeiten mit der Zunft nöthigten ihn, Iglau wieder zu verlassen, und bestimmten Kaiser Franz, den Gemahl Maria Theresias, deren lebhaftes Interesse an wirthschaftlichen Dingen er theilte — er war unter Anderem Gründer von Sassin — durch Bailloux auf seiner Herrschaft Kladrub in Böhmen eine Tuchfabrik nebst Spinnerei und Färberei zu errichten.[2])

' Ernst Becher, a. a. O. S. 27. — N. Ebner von Ebenthall. Maria Theresia und die Handelsmarine Triest 1888, S. 3, 23 f.
[2]) Adolf Beer. Studien zur Geschichte der österreichischen Volkswirthschaft unter Maria Theresia: I. Die österreichische Industriepolitik (Wien 1894), S. 119.

Damals bestand in Mähren, und zwar in Olmütz, eine einzige Tuchfabrik, von Reichel begründet, den die Regierung 1752 zu deren Fortsetzung aufforderte. 1755 etablirte Staatskanzler Graf Kaunitz gute Tuchfabriken in Wiese. Der Einladung der Regierung nachkommend, schuf nun der mährische Adel ausgedehnte Fabriken meist in Wollzeugen und Leinen zu Janowitz, Namiest, Lettowitz, Ziadlowitz, Neuschloss, Neu-Raussnitz, Pernstein, Rossitz, Tulleschitz und Mähr.-Neustadt. In Brünn, heute der ersten Fabriksstadt Mährens, waren Fabriken damals gänzlich unbekannt. Im Jahre 1763 wurde dahin, in die Vorstadt Grosse Neugasse, die Kladruber Tuchfabrik verlegt, welche die mährische Lehenbank zum Betriebe übernahm. Fast gleichzeitig errichtete dort de Vaux eine Plüschfabrik, die Tabakpachtungs-Gesellschaft aber eine Tabakfabrik. Seit 1767 unter Köfiller's, dann Schweikhart's Leitung, gewannen die Tuch- und Plüschfabriken eine ansehnliche Ausdehnung und legten damit den Grundstein zur Stellung Brünns als Fabriksstadt.[1]

Geräuschlos, aber energisch wirkte Maria Theresia für die fortschreitende Verstaatlichung der Gewerbegesetzgebung. In diesem Geiste gehalten, gleichzeitig aber von grossem Belange für die Qualität der Erzeugnisse der Industrie und des Gewerbes jeder Art waren die von ihr erlassenen vielen »Beschauordnungen«. Ebenso wohlthätig nach anderer Richtung wirkten die durch sie verfügten Milderungen des Zunftzwanges einzelner Handwerke. Im Jahre 1755 wurde den Leinenwebern erlaubt, sich »auszuzünften«; bald sollte jeder Zwang überhaupt beseitigt werden.

Von nicht geringerer Tragweite erwies sich der Entschluss der Kaiserin, einen Bruch mit dem bisherigen Privilegiensystem, das einzelne Gesellschaften oder Fabriksbesitzer ausserordentlich begünstigt und jeden Mitbewerb zumeist unmöglich gemacht hatte, herbeizuführen.

[1] Christian d'Elvert, Die Culturfortschritte Mährens und Oesterreichisch-Schlesiens (Brünn 1854), S. 111 f.

Die Privilegienfrist, die den Kattunfabriken zu Schwechat und Sassin eingeräumt war, gieng zu Ende. Man bat um Verlängerung dieser Frist. Die Kaiserin aber erklärte, ein Privilegium exclusivum ferner nicht ertheilen zu wollen, »da die exclusiva höchst schädlich sind und in Ansehung derer Fabricaturen auf die möglichste Vermehrung im ganzen Staate das Augenmerk gerichtet werden müsse«. Alle Gegenvorstellungen blieben erfolglos. Ein kaiserliches Rescript vom 15. December 1761 gemahnte alle Interessenten, dass vom Jahre 1763 ab der Errichtung von Kattunfabriken in der ganzen Monarchie keinerlei Hindernis mehr entgegenstehe, sondern »fürohin Jedermann freistehen wird, nicht nur die Cottone in unseren gesammten Erblanden zu fabriziren, sondern auch in jegliches derselben und also ebenfalls in die österreichischen mit Entrichtung der alleinigen erbländischen Mauthgebür einen freien Handel zu führen«.

Die Erwartungen, die sich an diese Verfügung knüpften, wurden glänzend gerechtfertigt. Sie bezeichnet recht eigentlich den Zeitpunkt, in welchem der damals jüngste, relativ noch kümmerliche Zweig der sonst so grossen, vielverästeten Textil-Industrie in Oesterreich alle übrigen zu überragen, ja zu überwuchern begann. Der Ersten einer bemächtigte sich der gegebenen Anregung Graf Joseph M. Kinsky, der früher in Haida und Bürgstein zahlreiche Industrialwerke der mannigfachsten Art geschaffen hatte und nun daran gieng, dieselben um eine Kattundruckerei zu vermehren, ebenso aber seine Gutsnachbarn, die Grafen Vincenz Waldstein in Münchengrätz und Joseph Bolza in Cosmanos, zu bewegen suchte, seinem Beispiele zu folgen. Bereits im Jahre 1763 erbaute denn Graf Bolza in der That mit einem Aufwande von 500.000 fl. das später grösste Unternehmen seiner Art, das weltbekannte Etablissement Josephsthal-Cosmanos. Graf Vincenz Waldstein that ein Uebriges und errichtete in Gemeinschaft mit dem Grafen Franz Kinsky — allerdings erst nach Ueberwindung vieler Schwierigkeiten — nach dem Muster des dereinstigen kaiserlichen Kunst- und Werkhauses in Wien ein neues stattliches Manufactur- und Arbeitshaus in Münchengrätz.[1]

In Prag, wo seit Jahrzehnten der Industrielle Hergott den Kattun- und Leinwanddruck mit Oelfarben betrieb, gieng man nunmehr zum eigentlichen Kattundruck über und erhoben sich binnen kurzer Zeit mehrere solche Fabriken. In Warnsdorf und im Gebiete von Eger und Asch mehrte sich die Zahl der Baumwollmanufacturisten von Jahr zu Jahr. Alle diese Concurrenten aber fanden ihren Meister, seitdem Johann Joseph Leitenberger (geb. 1730, gest. 1802), Inhaber einer Färberei in Wernstadt bei Auscha, der gelehrigste Schüler Joh. Heinrich Schüle's in Augsburg, des »glänzenden Sternes am Horizonte dieses Industriezweiges«, sich ebenfalls der Druckerei zuwandte, um später von Wernstadt aus in Neu-Reichstadt eine zweite grosse Fabriksanlage zu begründen, dann aber die von Josephsthal-Cosmanos, die Graf Bolza nicht zu halten vermochte, erwarb und zur Blüthe brachte.

Auch in Wien gedachte man bei Zeiten, dem Rescript vom 15. December 1761 nachzukommen. Hier war es einer der grössten, umsichtigsten und erfolgreichsten Unternehmer seiner Zeit, der vorangieng. Johann Fries, in Mühlhausen im Sundgau 1719 geboren, stand schon im Jahre 1748 in Diensten Maria Theresias und erhielt nach dem Friedensschlusse von Aachen die Mission, in London eine ansehnliche Summe Geldes zu erheben und nach Wien zu geleiten. Dort liess er sich, von der Kaiserin »in mildester Rücksicht seiner für das Aufnehmen der hierländigen Handelsschaft bezeugten redlichen Gesinnung« zum Commerzienrath ernannt, 1752 als »Niederlagsverwandter« bleibend nieder. In demselben Jahre erwarb er ein Privilegium protectorium zur Errichtung einer Fabrik für Barchent-, sowie halb- und ganzwollene Zeuge auf den Herrschaften Friedau und Rabenstein in Niederösterreich.

---

[1] Dr. Adolf Demuth, Das Manufacturhaus in Weisswasser (Mittheilungen des Vereines für Geschichte der Deutschen in Böhmen XXVIII [1890]), S. 293 f.

Artikel, welche die Orientalische Compagnie nicht erzeugte. Gleichzeitig übertrug ihm Graf Chotek die Direction der kaiserlichen Seidenmanufacturen, die er bis zu ihrer Aufhebung gratis führte; ebenfalls noch im Jahre 1752 übernahm er von der Regierung den Thalerhandel, aus dem er der Commerzcasse bedeutende Erträgnisse zuführte. Bald darauf errichtete er eine Fabrik für Sammt- und Seidenwaaren, eine Halbrasch- und Halbcastorfabrik in Niederösterreich und bürgerte die Fabrication Nürnberger Messinggusswaaren ein.[1]) In Anerkennung seiner ausserordentlichen Verdienste erhob ihn Maria Theresia im Jahre 1757 in den Ritterstand, schon 1762 aber in den Freiherrenstand.

Die Firma Fries & Co., deren ergiebigste Quelle ein schwunghaft betriebenes Bankgeschäft bildete, war durch ein Menschenalter die Seele fast aller - hier nicht zu zählenden — kaufmännischen und industriellen Schöpfungen, die von Wien ausgiengen. So war denn auch sie es, auf deren Betreiben Baron Joh. Georg von Grechtler die Friedauer Barchentfabrik in eine Kattundruckerei umwandelte, zu deren Leitung kein Geringerer als der schon genannte und rühmlichst bekannte reichsdeutsche Industrielle Joh. Heinrich Schüle aus Augsburg berufen wurde. So liess sich auch Baron Konrad von Neffzern zur Einrichtung einer Druckerei, sowie einer Boy- und Kotzenfabrik in Heraletz und Humpoletz (Böhmen) bewegen. Die Gründungen der »k. k. privilegirten Zitz- und Kattunfabriken« zu Kettenhof, Ebreichsdorf und St. Pölten folgten rasch nacheinander.

An Stelle des Systems der Privilegien setzte Maria Theresia das der Prämien und Einfuhrverbote.[2]) Gewerbsunternehmungen wurden künftig unter gewissen Bedingungen vom Staate subventionirt, insbesondere wenn es sich um Einführung noch nicht vorhandener Industrialien handelte. Die **Commerzialcassen** bekamen reichliche Arbeit.

[1]) Adolf Beer, Studien etc., S. 105 f. — Vgl. August Graf Fries. »Die Grafen von Fries«, eine werthvolle Monographie.
[2]) Ad. Beer, a. a. O. S. 7, 07 f. u. 101 f.

Während des dritten schlesischen Krieges wurden vertraute Personen nach Sachsen und Lausitz abgesendet, um allen Jenen, die in Oesterreich Fabriken gründen wollten, Unterstützungen zuzuführen. Aus Preussisch-Schlesien nach Mähren eingewanderte Zeugmacher fanden bereitwillige Aufnahme und wurden den Zünften unentgeltlich einverleibt; auch erhielten diese »Transmigranten« fünfjährige Befreiung vom Manufacturbeitrag. Eine kaiserliche Entschliessung des Jahres 1766 bestimmte: »In jenen Künsten und Manufacturen, welche zur Vollkommenheit noch nicht gelangt sind, seien einige Prämien für fremde Gesellen von Zeit zu Zeit auszusetzen, so den Vortheil der Künste an Hand zu geben wissen.« Franzosen, Engländer und Niederländer liessen sich in Wien und anderen hervorragenden Industrieorten nieder.

* * *

Nach wie vor war es besonders der Adel, der sich die Errichtung neuer Fabriken angelegen sein liess. Der Prälat von Braunau in Böhmen, sowie die Grafen Schaffgotsch und Piccolomini riefen im Königgrätzer Kreise Wollzeugfabriken ins Leben, ebenso Graf Harrach in Namiest, Graf Kolowrat eine Kurzwaarenmanufactur und Hutfabrik in Swietla bei Prag, Graf Ulfeld eine Bandfabrik in Jenikau, Graf Chamaré eine Baumwollfabrik in Pottenstein, Graf Waldstein eine Strumpfwirkerei in Dux, Fürst Kinsky eine Leinwandweberei in Kamnitz u. s. w. Man wird müde, die Neuschöpfungen zu nennen; jede einzelne wurde für die Gegend, der sie angehörte, eine Wohlthat.

Diese der Bevölkerung zu erhalten, wurden unter Anderen dem Erbauer einer Bandfabrik in Penzing, Namens Kaemel, ein Betrag von 30.000, dem Begründer einer Tuchfabrik in Klagenfurt, Thys, sogar die Summe von 100.000 Gulden vorgestreckt. Zur Förderung der Spitzenklöppelei empfieng Graf Clary 12.000, Graf Waldstein zur Fortführung seiner Oberleutensdorfer Tuchfabrik einen Vorschuss von 10.000 Gulden u. s. w.

Grosse Schwierigkeiten verursachten die vielseitigen Begehren der sich mehrenden Industriellen nach Einfuhrverboten. Nicht selten verlangte ein Erbland Schutz gegen ein anderes. Unmöglich konnte allen Anliegen entsprochen werden, zumal aus den Kreisen der Kaufmannschaft und auch von einigen Verwaltungsbeamten lebhaft remonstrirt wurde. Mit desto grösserer Sorgfalt galt es, die verschiedenen Zollordnungen, insbesondere jene für Niederösterreich, Mähren und Böhmen zu revidiren. Das Zollpatent vom 24. März 1764 fasste endlich alle Waaren zusammen, deren Einfuhr in den letzten Jahren in einzelnen Ländern verboten war und welche nun in allen deutschslavischen Erbländern, ausgenommen Tirol und Vorarlberg, nicht mehr aus der Fremde eingeführt werden durften. Das System der Verbote wurde durch Gewährung von Pässen zur Einfuhr bestimmter Artikel wohlweislich vorübergehend oder auf die Dauer wieder durchbrochen.

Die grössten Segnungen danken die Länder Oesterreichs Maria Theresia als Reformatorin auf dem Felde der Schule; sie können hier selbstverständlich nur gestreift, unmöglich aber übergangen werden. Denn nicht nur mittelbar kamen sie auch dem Gewerbe, der Industrie und dem Handel in reichem Masse zugute. Bereits 1755 wurde zur Förderung namentlich der Spinnerei — die sich fortwährend steigernde Aufnahme aller Textilgewerbe hatte sehr bald allerwärts eine ständige, höchst empfindliche Garnnoth hervorgerufen — aber auch zur Vervollkommnung in der Verwebung der verschiedenartigsten Spinnstoffe für die Errichtung von Spinn- und Webeschulen Instructionen ausgearbeitet. Eine Verordnung vom 5. Juni 1765 besagte. »dass jede Person männlichen oder weiblichen Geschlechts. die tauglichen Kinder inbegriffen, welche binnen dreier Jahre von dem Tage der Publication in eine Fabrik oder öffentliche Spinnschule zur Erlernung der Flachs-. Hanf-. Baumwoll- und Wollspinnerei eingestellt werden. durch vier Wochen zwei Kreuzer täglich aus der Commerzialcasse und, wenn sie die Fähigkeit vor dieser Zeit erlangen würden.

den auf vier Wochen entfallenden Betrag als Prämie erhalten«.

Im selben Monate wurde die erste Spinnschule in Böhmen, in Zwikowetz, eröffnet, welche sich derart erprobte, dass schon im nächsten Jahre in den Orten Zbirow und Kozlan ihr zwei Filialen angereiht werden konnten. Sie blieben nicht vereinzelt. Das Spinnpatent vom 7. November 1765 war vorzugsweise der Ermunterung zu weiteren Gründungen nach dieser Richtung gewidmet. Durch Patent vom 1. September 1766 wurde in Niederösterreich eine Art Schulzwang eingeführt. »Nicht den Eltern, welche die Kinder der Schule zu entziehen trachten, sondern den Obrigkeiten, Magistraten und Commerzialbeamten sollte die Entscheidung überlassen bleiben, ob und welche Kinder für die Hausarbeit entbehrlich seien; die Eltern sollen in angemessene Strafen verfallen, die über geschehene Erinnerung die Kinder nicht zur Schule schicken.« — Dem Allen entsprach die Gründung einer »Real-Handelsakademie« 1770) in Wien nach dem Vorschlage des badischen Schulmannes J. G. Wolf.

Die Gesinnung, die solche Verfügungen athmen, lässt es als begreiflich erscheinen, dass nunmehr auch die Zeit herangekommen schien, in welcher der auf Oesterreich lastende confessionelle Zwang gebrochen werden sollte. Maria Theresia befreundete sich mehr und mehr mit der Zulassung von Lutheranern in ihre Erblande, die, wie bemerkt wurde, bereits ihr Vater angebahnt hatte. Die böhmischen Stände waren es in erster Reihe, die sich dagegen stemmten und auf die »Schädlichkeit der Religionsvermischung« hinwiesen, nicht ohne sich dabei auf »die alte, von der Kaiserin eidlich bestätigte Landesverfassung« zu berufen. Graf Bolza, der zur Besserung seiner Wirthschaftsverhältnisse in Cosmanos einen erprobten »akatholischen« Fachmann aus dem Auslande hatte kommen lassen, wurde trotz wiederholter Vorstellung gezwungen, denselben wieder »abzuschaffen«, obgleich sich derselbe nach kurzer Verwendung vollkommen erprobt hatte. So geschehen im

Jahre 1761. Es darf nicht Wunder nehmen, dass aus die Kaiserin durch die Vorstellung der böhmischen Stände in ihrer toleranten Auffassung sich nicht beirren liess, die böhmische Geistlichkeit ihre Stimme erhob und der Erzbischof von Prag entschieden geltend zu machen suchte, dass »freie Religionsübung gegen die fundamentalen Grundsätze des Königreiches verstosse«. Die Monarchin verharrte auf dem eingeschlagenen Wege; die Wohlfahrt ihrer Länder war für sie das Entscheidende.

Die erste Theilung Polens (1772) vergrösserte den Umfang Oesterreichs um das Königreich Galizien und Lodomerien; drei Jahre später kam bekanntlich durch einen Vertrag mit der Türkei der Besitz der Bukowina hinzu. Auf die industriellen Verhältnisse des Reiches übten diese Ereignisse vorerst keine nennenswerthe Wirkung. Die Salzwerke von Wieliczka und Bochnia so viel wie möglich dem Staate nutzbar zu machen, mussten kostspielige Strassenbauten und sonstige grössere Investitionen vorgenommen werden. Mit vielem Aufwande liess es sich Maria Theresia ebenso angelegen sein, die Spinnerei und Weberei in jene Länder einzuführen.[1] Die Firma Fries & Co. versuchte auch dort ihr Glück und errichtete mit 100.000 fl. die Fabriksstadt Ederov.

Um jene Zeit war es, dass noch ein anderes Kronland der Industrie erobert wurde: Vorarlberg. Bereits 1753 liessen vereinzelte Schweizer Firmen auf ihre Rechnung Stickereien in Vorarlberg anfertigen; doch erst im Jahre 1773 führten Adam Ulmer, Dominik Ruf, Josef Winder u. A. m. in Dornbirn und Umgebung die Baumwollspinnerei ein, und zwar in der Weise, dass sie von Schweizer Baumwollhändlern oder Fabrikanten die rohe Baumwolle bezogen und das erzeugte Handgespinnst gegen vereinbarten Spinnlohn wieder ablieferten. Nach wenigen Jahren war man so weit, Webwaaren aus eigenem Gespinnste im Lande aufzuweisen; bald etablirten sich daselbst auch selbstständige

[1] J. M. Schweighofer, a. a. O. S. 63.

Appreturen. Noch vor Ausgang des Jahrhunderts aber begründete Samuel Vogel aus Mühlhausen in Mittelweierberg bei Hard durch Anlegung einer grossen Kattunfabrik die heutige industrielle Bedeutung Vorarlbergs.[1])
Die epochale »Allgemeine Schulordnung«, mit welcher Maria Theresia am 6. December 1774 hervortrat, bedarf hier keiner besonderen Würdigung. »Der Industrie muss unstreitig ein verhältnismässiges Licht vorangehen.« Es wurde noch kein wahreres Wort gesprochen. Wie eine Fackel leuchtete die neue Schulordnung in die entlegensten, dunkelsten Winkel des Reiches. Der Mann der Durchführung aber, den die Kaiserin auch hier zu finden wusste, Ferdinand Kindermann, der nachmalige Bischof von Schulstein«, setzte Alles daran, die Neuschule sofort auch dem neuen Zuge der Zeit sorgfältig anzupassen durch Verbindung der Volksschule mit der »Industrieschule«. In Böhmen allein zählte man schon im Jahre 1777 an mehr als fünfhundert Orten nach der neuen Lehrmethode für die »Industrieschule« vorgebildete Schulmänner — ausser den Spinn- und Webeschulen im engeren Sinne — insbesondere wieder im Norden des Landes. Sie wirkten durch Jahrzehnte in rühriger, aufopfernder Weise und verbreiteten im Volke eine wohlbewusste, werkthätige Liebe zur Arbeit.

Die Zollordnung vom 15. Juli 1775 hob endlich die Zollgrenzen der einzelnen Königreiche und Länder Oesterreichs für immer auf und vereinigte dieselben in ein einziges Zollgebiet: unzweifelhaft die grösste wirthschaftliche That Maria Theresias[2]) — nur vergleichbar mit der soeben erwähnten erziehlichen Grossthat. Ein Heer von Beschränkungen und Belästigungen des Verkehres war wie mit einem Zauberworte von der Industrie hinweggenommen, sie

---

[1] Karl Ganahl, Beiträge zur Geschichte der Entwickelung der Baumwoll-Industrie in Vorarlberg (Feldkirch 1873).

[2] Ausführliches hierüber bei Adolf Beer, Die Zollpolitik und die Schaffung eines einheitlichen Zollgebietes unter Maria Theresia (Innsbruck 1893).

athmete auf. Nun erst konnte in Wirklichkeit nicht mehr von böhmischer, mährischer und sonstiger Provinzial-Industrie, wohl aber von einer Gesammt-Industrie Oesterreichs die Rede sein.

Und sofort liess die freie Bewegung in den erweiterten Grenzen die Blicke auch weiter schweifen. Niemals hatte Maria Theresia während ihrer ganzen Regierungszeit auch nur einen Augenblick des Seehandels und der Seehäfen Triest und Fiume vergessen. Der Bestätigung der Stadtprivilegien beider Orte war die des Freihafenprivilegiums (1769) gefolgt. Zur Hebung der Industrie und Bodencultur im Litorale erflossen zahlreiche Verfügungen. Die Errichtung einer Assecuranzgesellschaft und einer Börse, einer Leihbank, die Erlassung einer Wechselordnung, die Vermehrung der Handelsflotte, das Navigationsedict vom 25. April 1774 — die erste, partielle Codificirung des geltenden Seerechtes — u. s. w., das Alles hätte genügen können, Triest seiner Bestimmung, sich zu einer See- und Handelsstadt ersten Ranges aufzuschwingen, immer näher zu führen.[1]

Es konnte der Monarchin, die solche Ziele im Auge hatte, nicht unsympathisch sein, als eben in dem Jahre 1774 von London aus an sie das Ansinnen gestellt wurde, einen Gedanken aufzunehmen, den wenig mehr als fünfzig Jahre vorher Kaiser Karl der VI. bereits verwirklicht, dessen Resultate aber die zwischenliegende Zeit beinahe gänzlich wieder aufgehoben hatte: die Verfolgung einer Colonialpolitik. Ein Holländer, mit Namen Wilhelm Bolts, früher in Diensten der Britisch-ostindischen Compagnie, wandte sich an die österreichische Regierung mit dem Vorschlage zu einer directen Handelsverbindung der Niederlande — damals bekanntlich eines österreichischen Besitzthums — und Triest mit Persien, Ostindien, China und Afrika, »um die österreichischen Häfen ohne die kostspielige Vermittlung anderer Länder mit den wichtigsten Producten Indiens und Chinas zu versehen«. Er fand Gehör.

[1] N. Ebner von Ebenthall, a. a. O. S. 11 f. 23 f. 43 u. s. w.

Seine Schicksale wurden erst jüngst wieder erzählt.[1]) Commodore Freiherr von Wüllerstorf, der Sachkundigsten einer, sprach von Bolts und »seinen gehaltvollen Projecten«, die nichts weniger als die thatsächliche und dauernde Erwerbung grösserer Niederlassungen sowohl in Ostasien als auch in Ostafrika bezweckten, mit höchster Anerkennung.[2])

Maria Theresia ertheilte Bolts am 5. Juni 1775 ein Privilegium zur Gründung einer österreichisch-asiatischen Handelsgesellschaft, die mit Hilfe des Antwerpener Bankhauses Proli zu Stande kam. Die ungünstigen Berichte, welche die Kaiserin eben damals von competentester Seite über den Stand der Dinge im Küstenlande empfieng, konnten sie nur bestärken, der neuen Gesellschaft jeden zulässigen Vorschub zu leisten. Damit stand die Wahl des Grafen Karl Zinzendorf zum Gouverneur von Triest (1776) im Zusammenhange.

Auf dem Handelsschiffe »Joseph und Theresia« trat Bolts mit 155 Mann an Bord im September 1776 seine Reise in Livorno an. Die grössten Gefahren, ja selbst die widrigsten Unfälle, die ihn trafen, hinderten nicht, dass er sein Vornehmen mit Erfolg zu Ende führte. In der Bucht von Delagoa sowohl, als auch an der Küste von Malabar, endlich aber auch auf den Nikobaren erwarb er ausgedehnten Grundbesitz für Oesterreich, zu dessen Schutze er nicht nur Handels- und Freundschaftsverträge schloss, sondern auch starke Befestigungen anlegte. Im Juli 1779 traf

[1]) »Neue Freie Presse« vom 17. März 1898, Nr. 12050. — Die dortigen Mittheilungen stützen sich unter Anderem auf Alfred R. v. Arneth, Geschichte Maria Theresias IX (Wien 1879), S. 469 f. und 481 f.; namentlich aber Dr. Karl v. Scherzer, Reise der österreichischen Fregatte »Novara«. Statistisch commerzieller Theil I. (Wien 1864), 4°, S. 298—305 und Anhang S. 3—20.

[2]) Vermischte Schriften des k. k. Viceadmirals Freiherrn v. Wüllerstorf-Urbair, herausgegeben von seiner Witwe (Graz 1889). S. 286.

ein von Bolts entsendetes Schiff, aus China kommend, in Livorno ein. Persönlich verfügte sich Grossherzog Leopold in den Hafen und besichtigte die sehr reiche Ladung, die aus Thee, Specereien, Seide und prächtigen Stoffen bestand. Im Mai 1781 kehrte Bolts in Person nach Livorno zurück. Da hatte Kaiserin Maria Theresia, die Patronin Bolts', die Augen für immer geschlossen.

in ehrenvolles und gerechtes Urtheil lautet: »Kein österreichischer Regent hat sich um die Entwickelung der Industrie solch grosse Verdienste erworben wie Maria Theresia«; keiner, so dürfen wir für die Zeit, von der hier gehandelt wird, sagen, nur Kaiser Joseph II. steht ihr in dieser Hinsicht zur Seite.

Es fehlt der Raum, das im Einzelnen nachzuweisen; wenige Proben müssen genügen. Trotz einer überreichen Literatur über Joseph II. hat dieser Monarch seinen Geschichtsschreiber bisher leider nicht gefunden, am allerwenigsten als praktischer Volkswirth. Bereits seit 1765, nach dem Tode seines Vaters Franz I., deutscher Kaiser, übte er als Mitregent Maria Theresias einen wesentlichen, zum Theil entscheidenden Einfluss auf die Verwaltung auch der österreichischen Erbländer aus. Von hohem Werthe sind aus dieser Zeit die zahlreichen Berichte, Denkschriften u. dgl., die der Sohn, dessen eifrigstes Bemühen es war, sich durch Autopsie von dem Stande der Dinge zu unterrichten, auf seinen vielen Reisen mit wohlthuender Rückhaltlosigkeit an die Kaiserin-Mutter erstattete.

Er kam sehr bald zur Ueberzeugung, dass nach den erschöpfenden Kriegen, welche Oesterreich, besonders gegen Preussen, geführt, »ihm nur durch günstige Handelsverhältnisse oder durch vortheilhafte Entwickelung der Industrie und der Landescultur die nöthige Erholung zu Theil werden könne«. So lauten seine eigenen Worte. Wie die Gegenwart, so fasste er als Mitregent auch die Zukunft keineswegs rosig auf. Der Handel habe in letzter Zeit keinen besonderen Aufschwung genommen, schrieb er im Jahre 1768, woran wohl zunächst die ungünstige Lage

KAISER ....

Oesterreichs Schuld sei, die einen ausgedehnten und vortheilhaften Handel nach dem Auslande wohl niemals gestatte. Er glaubt anfangs nicht an die Möglichkeit, es jemals zu erreichen, dass österreichische Industrieproducte in Güte und Billigkeit denjenigen fremder Länder auch nur gleichkämen. Diese hätten ausserdem das allgemeine Vorurtheil und den Umstand für sich, dass ihre Fabriken seit lange Zeit bestünden, während man in Oesterreich erst mit ihrer Errichtung beginne. Dazu, verhehlte er nicht, kommen »die allzu hohen Steuern«, welche die Lebensmittel vertheuern, wodurch wieder der Arbeitslohn unverhältnismässig erhöht werde; endlich die übergrosse Anzahl der Feiertage in Oesterreich im Vergleiche zu Deutschland und der Schweiz. Zudem fehle es ebenso dem Staate wie den einzelnen Kaufleuten an den nöthigen Mitteln zur Durchführung grosser Unternehmungen, welche zumeist, besonders im Anfange, vielen Aufwand verursachten.[1]

Der junge Monarch nahm seine Aufgabe, wie zu sehen, überaus ernst. Die Lage des »kleinen Mannes« — schon war dieses Schlagwort erfunden — war noch zu Ende der Sechzigerjahre eine geradezu trostlose; der Handwerker, der unterthänige Bürger und Bauer jener Zeit, so viel wie rechtlos, wurde von seiner Grundobrigkeit förmlich ausgesogen und erdrückt. Die schlagendsten Belege hiefür gibt ein Bericht des Hofkriegsrathes vom 8. Juli 1771 über die volkswirthschaftlichen Zustände Böhmens. Wir müssen mit Bedauern verzichten, auf denselben näher einzugehen. Der Kaiser resolvirte nach Durchlesung dieser Schrift, es mögen die Regiments-Commandanten angewiesen werden, »künftig bei ihren über die Unterthansbedrückungen machenden Anzeigen nicht in terminis generalibus stehen zu bleiben, sondern jederzeit wenigstens einen casum specificum und, wenn ihnen deren mehrere bekannt sind, sämmtliche anführen.«[2]

[1] Alfred R. v. Arneth, a. a. O. IX., S. 45 f.
[2] Dr. Franz Mayer in Mittheilungen des Vereines für Geschichte der Deutschen in Böhmen. XIV. 1875—1876, S. 125 f.

Der Kaiser begnügte sich aber damit nicht. Noch im October 1771 eilte er selbst wieder nach Böhmen, mit eigenen Augen zu sehen und — wenn möglich — zu helfen. Er sah mehr, als er besorgt haben mochte. Zu den bisherigen traurigen Verhältnissen war eine schreckliche Hungersnoth in Folge totaler Missernte getreten. Er referirte an die Kaiserin mit einer Ausführlichkeit und Gründlichkeit, zugleich aber mit einer Offenheit und Freimüthigkeit, wie sie bis dahin unter Monarchen wohl unerhört gewesen. Wieder ist uns leider versagt, auf Details einzugehen.

Das Bild, das er entwarf, konnte kein erhebendes sein; auch nicht in Angelegenheit der Industrie, deren Verhältnisse eingehend an der Hand sorgfältiger, an Ort und Stelle eingeholter Informationen dargestellt wurden. Die kaiserlichen wie die Privatbeamten des Landes müssen sich manches scharfe Wort gefallen lassen. Immer wieder kommt der Berichterstatter auf die grosse Masse des Volkes zurück; bis zur Hefe dieses Volkes steigt er nieder, zum »Pöbel«, dessen Wohl und Wehe nach seinem guten Wissen Auf- und Niedergang nicht nur aller Industrie, auch des Staates selbst bedingen. »Der Pöbel« aber, erklärt Joseph II., »lebt in der grössten Ignoranz; die Bürger und viele sich für fromme Seelen Ausgebende werden in einer recht abgeschmackten und der Religion zum Abbruch und zum Gespött dienenden superstitiosen Frömmigkeit durch die in den Städten überhäufte... Geistlichkeit erhalten, welche ihnen... immer zu kleinen Andächteleien die Gelegenheit geben.«

Das Uebel an der Wurzel fassend, geisselt der Kaiser die Entartung der damaligen Geistlichkeit, deren unwürdige Vertreter er bis auf die von ihnen so häufig missbrauchte Kanzel verfolgt. Wie kann man solchen Leuten, ruft er aus, wie sie der Mehrzahl nach sich geben, das vornehmste Staatsgeschäft — die Erziehung des Volkes — anvertrauen! -- Und doch! »Von ihnen allein ist die Grundlage der Bildung der Nation zu hoffen. Verfehlen wir sie«, fährt er fort, »oder will man in diesen Theil (der vorzuschlagenden Reformen) nicht eingehen, so ist Alles umsonst und wird man nie etwas recht Vortheilhaftes für den Staat erlangen.«

Das Alpha und Omega aller Eröffnungen an die Kaiserin bleibt: »Es gebricht hauptsächlich an der Erziehung in allen Eurer Majestät Erblanden und an den wahren christlichen und moralischen Tugenden!« — Aber noch ist nicht Alles verloren. Der Kaiser schliesst: »Vis unita fortior ist ein allerseits erkannter Satz, welcher keiner Auslegung bedarf. Unsere Monarchie ist gross, weitschichtig, von unterschiedlichen Ländern zusammengesetzt; wenn Alle vereinigt mit wahrem Herzen und Willen sich die Hände bieten, so sehe ich noch die glückseligste Folge vor mir, und ich verzweifle nicht, dass wenn man ernstlich will und steif darauf hält, man dazu gelangen könne.«[1])

Es wird verständlich, wer als der eigentliche, intellectuelle Urheber ebensowohl der Allgemeinen Schulordnung des Jahres 1774 wie der einheitlichen Zollordnung des Jahres 1775, der Robotpatente und wie die vielen grundstürzenden Regierungsacte der letzten Jahre heissen mochten, zu betrachten ist.

Die ersten namhaften Verfügungen Josephs II. als Alleinherrschers waren das Toleranzpatent und die Aufhebung der Leibeigenschaft. Alle Nichtkatholiken in allen österreichischen Ländern erlangten mit einem Schlage volles Staatsbürgerrecht, die Freiheit des Gottesdienstes und, was für industrielle Bestrebungen von noch grösserer Bedeutung, die Freiheit der Arbeit. War den Protestanten seither bereits ausnahmsweise gestattet worden, »bei zünftigen Meistern und Fabriken in Arbeit zu treten«, so wurden sie nunmehr befähigt, ausnahmslos alle staatsbürgerlichen Rechte, mit Einschluss des Meisterrechtes und der Fabriksprivilegien, für sich in Anspruch zu nehmen.

Es bedarf keiner Auseinandersetzung, um die Tragweite dessen, sowie der zweiten grossen Reform, für die

---

[1]) Manuscript des k. und k. Haus-, Hof- und Staatsarchives in Wien.

wirthschaftliche Entwickelung der Monarchie klarzulegen. Letztere leitete Joseph selbst mit den Worten ein: er »habe in Erwägung gezogen, dass die Aufhebung der Leibeigenschaft und die Einführung einer gemässigten Unterthänigkeit auf die Verbesserung der Landescultur und Industrie den nützlichsten Einfluss habe, auch dass Vernunft und Menschenliebe für diese Aenderung das Wort reden«.... Joseph II. wusste, dass Industrie und Landwirthschaft nur in einem Volke gedeihen können, das sich an Leib und Seele mündig fühlen darf. Wie die Verkehrsschranken im Innern des Reiches, waren die geistigen Barrieren nach aussen hinweggeräumt.

Allmälig lernte er nun auch an die Möglichkeit einer Industrie in Oesterreich, trotz ungünstiger geographischer Lage des Reiches, glauben, einer Industrie wie in Preussen, ja in Frankreich und England. Hatte er sich vor Kurzem in übergrosser Bescheidenheit noch als »in Landeseinrichtungssachen rohen, unerfahrenen und allein mit etwas gutem Willen begabten Recruten« betrachtet, so fühlte er doch bald in sich die Kraft und die Macht, dem Beispiele derer zu folgen, die jene Staaten dazu erhoben hatten, was sie für Industrie und Handel waren, eines Friedrich II., eines Colbert, wie einer Elisabeth.

Ueber dem Ganzen vergass Joseph nicht das Einzelne. Zum grossen Theil auf seine unmittelbare Anregung mehrten sich in den meisten Industrieländern der Monarchie die Fabriken sozusagen von Tag zu Tag; am meisten wieder im nördlichen Böhmen, im alten Herzogthum Friedland.

Als Graf Joseph M. Kinsky im Jahre 1780 starb, übernahm Graf Heinrich Franz Rottenhann seine Rolle. Er selbst errichtete in Rothenhaus eine umfängliche »Cotton-, Mousselin-, Barchent- und Piquéfabrik«, in Kalich einen Eisenhammer und das Eisenwerk »Gabrielahütte«, endlich auf seiner Herrschaft Gemnischt eine Baumwollzeugfabrik. Ebenfalls in Kalich introducirte Forstmeister Joseph Hein (1784) eine Drechslerwaarenfabrik zur Herstellung von

Kinderspielwaaren, deren Herstellung ein neuer Erwerbszweig der Erzgebirgsbewohner wurde.

Von Kaiser Joseph persönlich ermuntert, erbaute gleichzeitig Joseph Schöffel in Reichenau bei Gablonz eine Fabrik für Papiermachéartikel, deren Erzeugung bald die ganze dortige Gegend beschäftigte. Von dort kam dieselbe Industrie nach Eger, Prag und (durch Johann Gaiger) nach Sandau bei Marienbad, wo sie besonders florirte. In den Jahren 1782—1786 entstanden nicht weniger als zehn Fabriken der Baumwollbranche in Prag. Von der Firma Leitenberger ist gesprochen worden. In Rochlitz und Grulich wurde die Schleier- und Battistweberei eingeführt, in Eger und Rossbach die Mousselinfabrication. In Christiansthal im Isergebirge, in Adolf und Eleonorenhain, Kaltenbach, Franzenthal und Ernstbrunn im Böhmerwalde entstanden neue Glashütten, zumeist den Firmen Johann Leopold Riedl und Johann Meyr gehörig.

In Starkenbach-Hrabačow legte damals Graf Ernst Guido Harrach eine Leinen- und Battistweberei, in Tupadl Fürst Johann Adam Auersperg eine Baumwollzeugfabrik nebst Färberei und Druckerei an. Männer wie Zacharias Jarschel und Joseph Stolle in Warnsdorf trugen, wieder vom Kaiser selbst durch reichlich bezahlte Bestellungen angeeifert, durch ihre vorzüglichen Leinen- und Baumwollgewebe (»gezogene Tischzeuge«) wesentlich dazu bei, das genannte Dorf zu einem hervorragenden Industrialorte zu erheben. Rumburg, Schluckenau, Nixdorf, Schönlinde und Georgswalde verstanden es, gleichen Schritt zu halten.

Um jene Zeit erfuhr das Eisenwerk in Hořowitz durch den Grafen Joseph Wrbna eine vollständige Umgestaltung, so dass es schon 1790 zu den grössten und leistungsfähigsten Werken seiner Art gehörte. Eben damals w l. in Prag, woselbst Prokop Gindle die erste Goldw fabrik anlegte, durch die Franzosen Lunet und B al gne die Handschuhfabrication, in Ehrenberg bei Rumb r

Sparteriewaaren-, in Graslitz im Erzgebirge die Musik-
instrumenten-Erzeugung eingebürgert.

Trotz rapider Ausdehnung der Baumwoll-Industrie stand
doch die Leinenmanufactur Böhmens keinen Augenblick
still, sondern nahm sie vielmehr in denkbar erfreulichster
Weise zu. Dasselbe gilt von dem Wollengewebe. Die Zahl
der Baumwollweber in Böhmen stieg in den Jahren
1785—1788 von 432 auf 3093, die der Schafwollweber
dagegen von 16.698 auf 24.879, die der Leinenweber
aber von 54.894 auf 71.979. In demselben kurzen Zeitraume
vermehrte sich die Zahl der Baumwollspinner von 9676
auf 28.747, die der Schafwollspinner jedoch von 30.127
auf 51.087, endlich die der Flachsgarnspinner sogar von
180.066 auf 234.008.

Annähernd gleiche Verhältniszahlen hatten die Seiden-
Industrie (497:3093), die Papiererzeugung (648:917),
die Fabrication von Leder (2081:3266), Glas (3607:3898)
und Metall (4880:5827) aufzuweisen. Man zählte 1788 in
Böhmen, ohne die Spinner, 121.899 »Fabrikanten«, deren
Jahresverdienst mit 10,930770 fl. beziffert wurde, während
der bezahlte Arbeitslohn, gering gerechnet, 16,818.625 fl.
betrug.[1]

Daraus wird ersichtlich, wie sehr gerade Böhmen die
Josephinische Allgemeine Zollordnung vom 27. August 1784 mit ihrem Einfuhrverbote insbesondere aller jener
Waaren, »welche genugsam in den k. k. Erblanden fabricirt
werden und sonst leicht entbehrlich sind«, zugute kam. Das
konnte unter den gegebenen Verhältnissen nur anspornen
das hiemit nach berühmten Mustern älterer und neuerer
Zeit inaugurirte Prohibitivsystem weiter zu verfolgen und
durch die Zollordnung vom 2. Jänner 1788 zu stabilisiren.
Sie hatte bis auf unsere Tage die Grundlage der österreichischen Zollverfassung zu bilden.

[1] Joseph Schreyer, Commerz, Fabriken und Manufacturen des
Königreiches Böhmen Prag und Leipzig 1790.

Auch die übrigen Kronländer blieben selbstverständlich unter Kaiser Joseph II. nicht zurück. In Mähren war es besonders Brünn, das sich hervorthat. Die dort bereits vorhandenen Fabriksanlagen wurden rasch hintereinander ansehnlich vermehrt, so namentlich durch die Firmen Mundi (1780), Hopf und Bräunlich, Offermann (1786) und Biegmann 1791). Von 23 Feintuchfabriken, welche Mähren am Ausgange des 18. Jahrhunderts beschäftigte, entfielen 14 auf Brünn.

Daselbst errichtete Seitter (1785) die erste Fezfabrik Oesterreichs, Schulz die erste Harrasfabrik. In derselben Zeit eröffnete das Aerar eine Tabakfabrik in Göding, während Flick in Althart eine Mousselin-, Klapproth eine Manchesterfabrik in Schönberg begründete, welch letztere Stadt alsbald der Hauptsitz der mährischen Leinen-Fabrication werden sollte, während sich Sternberg allgemach zur ersten Weberstadt des Landes für Leinen- und Baumwollwaaren erhob. Schon Kaiser Franz I. hatte auf seiner Herrschaft Holitsch eine Majolicafabrik angelegt. Ihr folgten nun in Weisskirchen und Bistritz gleichartige Unternehmungen, die selbst mit englischen Erzeugnissen glücklich concurrirten.[1]

Es wäre verlockend, in solcher Weise die Steigerung industrieller Production im Reiche Land für Land zu verfolgen; wir müssten Bände füllen.

In Niederösterreich behauptete nach wie vor die Firma Fries & Co. die leitende Stellung im Geschäftsverkehre. Ihr Ansehen stieg in einem Masse, dass sich der Kaiser bewogen fand, den Chef der Firma, Johann Freiherrn von Fries, am 5. April 1783 in den Grafenstand zu erheben. Es mochte den unbefangenen, freisinnigen Monarchen, den »Schätzer der Menschheit«, gelüsten, vor aller Welt zu bezeugen, welcher Ehren in seinen Augen Industrie und Handel würdig erscheinen. Aus dem von ihm gefertigten Diplome erfahren wir, dass Fries durch 24 Jahre »mit unermüdetem

---

[1] Christian d'Elvert. a. a. O. S. 112 f.

Eifer. Fleiss und Uneigennützigkeit« die Direction des kaiserlichen Bergwerksproducten-Verschleisses geleitet, »dass andurch unserem k. k. Aerarium besondere, wesentliche Vortheile zugeflossen«; ebenso dass er »im Jahre 1777 der Erste gewesen, der durch seine Mühe auf der Donau bis nach Russzuck (Rustschuk) die Handlung mit unseren inländischen Producten eröffnet und andurch den deutschen Kaufleuten den Weg gebahnt, von dort aus in dem türkischen Gebiete zu handeln, annebst ein deutsches Handlungshaus in Constantinopel errichtet habe« u. s. w. [1])

Bis an sein Ende war Graf Fries ununterbrochen schöpferisch thätig. Sein letztes Werk schuf er in Böhmen. Eine vom Kaiser privilegirte »Banater Commerz-Compagnie« hatte vor Jahren in Triest eine Zuckerraffinerie errichtet, die unter Direction ihres Installators, Joseph von Sauvaigne, bald die ältere Fiumaner Fabrik der gleichen Ka'egorie überflügelte. Als trotzdem Sauvaigne sich veranlasst sah, seinen Posten aufzugeben, wusste Fries ihn zu gewinnen, eine gleiche Raffinerie in Königssaal bei Prag aufzuführen und einzurichten, wozu der Kaiser das dortige alte, sehr geräumige Cistercienser-Klostergebäude unentgeltlich überliess. Während der Vorarbeiten hiezu starb Graf Fries am 19. Juni 1785 zu Vöslau. Das Unternehmen kam gleichwohl zu Stande. Ein Einfuhrverbot auf ausländischen Zucker, im Jahre 1789 erlassen, sorgte für die Prosperität auch dieses neuen, vielversprechenden Industriezweiges.

Ausdrückliche Erwähnung verdient, mit welcher regen Theilnahme Joseph II. die Bestrebungen seiner Zeit auf dem Gebiete der Maschinen-Industrie verfolgte. Die fortwährende Ausbreitung der Weberei aller Art und der hierdurch hervorgerufene ständige Mangel an Garnen, insbesondere Baumwollgarnen, spornte die Erfindung mächtig an, die Handspinnerei durch Maschinenbetrieb zu ersetzen. Seitdem, wie man wusste, dieses Problem in England gelöst

[1] Concept, Adelsarchiv Ministerium des Innern, Wien.

war, wodurch dieses Land in die Lage kam, den auswärtigen Markt mit billigen Baumwollgarnen förmlich zu überschwemmen, ruhte und rastete man nicht, das sorgfältig gewahrte Geheimnis zu ergründen und dessen grosse Vortheile auch dem Inlande zuzuwenden. Schon 1776 hatte Le Brun ein ausschliessliches Privilegium für eine »Streich- und Spinnmaschine« erwirkt, dessen sechsjährige Verlängerung er 1786 ansuchte. Im selben Jahre besass Turiet schon eine »deutsche«, auch »sächsische« Spinnmaschine in Wien. Im Jahre 1789 proponirte Baron Vay eine neue Baumwollstreich- und Spinnmaschine, auf die ihm gleichfalls ein ausschliessendes Privilegium verliehen wurde.[1]

Alle diese Bemühungen führten zwar nicht zum Ziele, können aber doch nicht als völlig unnütz bezeichnet werden. Das industrielle Genie eines Johann Joseph Leitenberger wusste die Nutzanwendung zu finden und setzte in Wernstadt, der erste Oesterreicher, eine veritable englische Baumwollspinnmaschine in dauernden Betrieb; der Bann war gebrochen: das »Maschinenalter« war auch für Oesterreich gekommen.

Auch einer Colonialpolitik war Joseph II. grundsätzlich nicht abgeneigt. Wilhelm Bolts, der kühne Reisende und Colonisator, fand auch bei ihm Entgegenkommen. Nach dessen Rückkehr von Bengalen erklärte sich der Kaiser bereit, eine zweite Expedition nach den asiatischen Gewässern unter gewissen Bedingungen zu unterstützen. Bolts gelang es, schon am 9. August 1781 im Vereine mit Pietro Proli und Anderen (auch Graf Fries war betheiligt) eine neue Handelsgesellschaft mit einem Actiencapital von zwei Millionen Gulden zu bilden (»Société Impériale asiatique de Trieste«), der Bolts sein Privilegium vom 5. Juni 1775 abtrat.

Ihre weiteren Schicksale sind derzeit noch nicht völlig aufgeklärt. Fünf grosse Schiffe der Gesellschaft, hören wir,

[1] Stephan Edler von Keess. Darstellung des Fabriks- und Gewerbewesens in seinem gegenwärtigen Zustande. II. Theil. 1 Band (Wien 1824). S. 83.

liefen im Jahre 1784 den Hafen von Antwerpen an, und es steht fest, dass die jüngste Expedition Bolts' sich keineswegs als unfruchtbar erwies.

Oesterreichs Handel nach Ostindien nahm einen ersten Anlauf, der, von den Späteren consequent und energisch verfolgt, ihm in den fernsten transmarinen Ländern eine Position hätte verschaffen müssen, die heute so unerschütterlich wäre wie jene irgend einer europäischen Seemacht ersten Ranges. Der nordamerikanische Freiheitskrieg, der England, Frankreich, Holland und die übrigen Seemächte vollauf beschäftigte, war den gleichzeitigen überseeischen Unternehmungen Oesterreichs günstig.

Bereits im Jahre 1783 besass Oesterreich nicht weniger als zwölf Ostindienfahrer; die Schiffe führten die Namen: Joseph und Theresia«, »Kaunitz der Grosse« und Kaunitz der Kleine«, »Kolowrat«, »Baron Binder«, Belgioso«, »Maximilian«, Stadt Wien«, »Der Ungar«, »Der Croat«, »Graf Neni«. Die Namen zeigen, dass die Betheiligung eine vielseitige genannt werden durfte. Eben im Jahre 1783 traf es sich jedoch, dass drei dieser Schiffe, der »Belgioso«, der »Maximilian« und »Kaunitz der Kleine«, welche sämmtlich sehr reiche Ladung führten, im Sturme verunglückten.

Das Unglück aber schreckte nicht ab. Ein Zeitgenosse versichert: »Auffallend ist der Eindruck, den diese unangenehmen Vorfälle auf die Gemüther der Nation machten; weit entfernt, den Muth derselben herabzustimmen, veranlasste es vielmehr eine stärkere Theilnahme an der Seehandlung.« Das wird erklärlich, wenn derselbe Gewährsmann (1785) mit ziffermässiger Bestimmtheit versichert: »In dem Raume von wenig Jahren hat Oesterreich für acht Millionen Waaren auf eigenen Schiffen nach Ostindien verführt und für mehr als vierzehn Millionen daher bezogen. . . .«[1])

[1]) J. M. Schweighofer, a. a. O. S. 364 f., 374. — Man vergleiche auch daselbst, S. 411 f, das Capitel »Von den Pflanzörtern und Factoreien der Oesterreicher in Ostindien«.

Es unterliegt keinem Zweifel, dass der gänzlich unerwartete Friedensschluss zwischen England, den Vereinigten Staaten, Frankreich und Spanien, dem der mit Holland alsbald folgte (1784), die Bestrebungen der Triester Asiatischen Gesellschaft tief erschütterte. Erfahren wir doch, »dass im Jahre 1784 die ersten Compagnien in der Welt, nämlich die englischen und holländischen Indischen Compagnien, zu gleicher Zeit ihrem Verfalle nahe waren und sicherlich gestürzt sein würden, wenn sie nicht so thätig wären unterstützt worden«.

Joseph II. wurde allerdings abgehalten, dieser Angelegenheit die ungetheilte Aufmerksamkeit und Fürsorge zuzuwenden, die sie verdiente. Zum Schutze und zur Förderung des Aussenhandels schloss er in den Jahren 1783 bis 1786 Handelsverträge mit Marocco, der Türkei und Russland. Zur selben Zeit begann er den Bau der Riesenstrassenzüge von Lemberg nach Czernowitz, von Karlstadt nach Zengg und Fiume u. s. w. Bis zum letzten Athemzuge hatte er keinen lebhafteren Gedanken als das geistige und materielle Wohl seiner Völker. Was die Ausführung zum Theil verhinderte? Der »deutsche Fürstenbund«, der Ausbruch der französischen Revolution, der Abfall der Niederlande, die Erhebung Ungarns gegen Joseph, schliesslich sein vorzeitiger Tod sagen genug.

Wir schreiben keinen Nekrolog. Die »Anfänge der Gross-Industrie in Oesterreich« sollten hier dargelegt werden. Wir sind zu Ende.

Gewiss, was dereinst Wallenstein in seinem Bereiche und was die Kaiser Leopold I. und Karl VI. in Innerösterreich, Böhmen, Mähren, Schlesien u. s. w. geschaffen hatten, war Industrie, gewerbliche Massenproduction innerhalb und ausserhalb geschlossener Räume mit zahlreichen Hilfsarbeitern und Hilfsmaschinen, auch nicht ohne ausgiebige Wasserkräfte. Was jedoch innerhalb der fünfzig Jahre der Regierungen Kaiserin Maria Theresias und Kaiser Josephs II. aus dieser Industrie geworden war, erschien in ihrem ganzen inneren Wesen, wie nach allen äusseren Belangen bereits als Gross-Industrie: enorme Summen waren in ihr investirt, ihr gab das Capital bereits das Gepräge: ihr fehlte im Vergleiche zur heutigen Welt-Industrie eine einzige Kraft, die eben erst noch erfunden werden musste, die Dampfkraft. Sie ist es aber nicht allein, die der Gross-Industrie als solcher den Stempel aufdrückt.

Der Anfang war gemacht. Wir glauben gezeigt zu haben, dass es in Oesterreich Zeiten gab, in welchen industrielles Wollen und Können geachtet wurde — hochgeachtet und geehrt von den Edelsten und Höchstgestellten im Volke. Wer dieser Zeiten gedenkt, der nennt in Dankbarkeit Allen voran die Namen Leopold, Karl, Maria Theresia und Joseph — nicht zuletzt aber den grossen Kriegs- und Friedensfürsten, der die Keime gelegt zur Industrie im deutschen Norden von Böhmen.